was mir wertvoll ist

was mir wertvoll ist
junge texte für junge leute

2. Auflage 2009

Herausgeber: Kirchliche Jugendarbeit der Diözese Würzburg
Ottostraße 1, 97070 Würzburg
Telefon: (09 31) 386 63 - 100
E-Mail: kja-servicepoint@bistum-wuerzburg.de
www.kja-wuerzburg.de

Gestaltung: Marcel Goldbach | plus2d.de

Druck: Vinzenz-Druckerei Würzburg

ISBN 978-3-00-026404-7

was mir wertvoll ist

ist

junge texte
für junge leute

was mir **wert**

Die Idee, ein Nachfolgebuch für das »Elemente«-Buch der kirchlichen Jugendarbeit entstehen zu lassen, führte die Redaktionsgruppe zum Thema »Werte«. Dies wird gleichermaßen in Kirche und Gesellschaft diskutiert. Und auch junge Menschen entdecken Werte für sich und richten danach ihr Leben aus. So stand am Anfang ein Textwettbewerb für junge Leute, in dem sie formulieren konnten, was ihnen wertvoll ist. Auch die Auswahl der zwölf vorliegenden Werte dieses Buches ist aufgrund einer Befragung von Jugendlichen erfolgt. So entstanden folgende Rubriken, in denen sich die Texte zu den Werten entfalten:

- ▸ wikipedia – eine Definition des Wertes nach www.wikipedia.de aus dem Jahr 2008
- ▸ hintergründig – ein Text, der Grundlagen zu erfassen sucht
- ▸ biblisch – aussagekräftige Texte aus der Heiligen Schrift
- ▸ authentisch – junge Menschen kommen zu Wort
- ▸ konkret – Ideen für eine praktische Erlebbarkeit des Wertes
- ▸ lesenswert – ein Blick in die Literatur
- ▸ gesegnet – authentische Segensworte
- ▸ singbar – ein neues Lied und einige passende Liedvorschläge

Ein herzliches Dankeschön gilt der Redaktionsgruppe, die über zwei Jahre an Idee und Umsetzung dieses neuen Buches gearbeitet hat und deren Ausdauer und Kreativität unermüdlich waren: Felix Behl, Manfred Müller, Renate Obert, Johannes Reuter und Matthias Zöller. Auch Marcel Goldbach für das Layout und unserer Sekretärin Silke Flederer gilt unser Dank. Am wertvollsten waren besonders all die Beiträge von jungen Menschen, in denen sie über sich und ihre Werte geschrieben haben. Nur so konnte »was mir wertvoll ist« ein Buch mit jungen Texten für junge Leute werden.

Für die Leitung der Kirchlichen Jugendarbeit

Johannes Reuter

Liebe junge Christen,

das vorliegende Buch zeigt deutlich, dass jungen Menschen **WERTE** wichtig sind. Sie fragen danach und suchen, wie sie ihr Leben gestalten können. Die christliche Botschaft und die Werte, die uns in unserer kirchlichen Gemeinschaft wichtig sind, spielen eine zentrale Rolle bei der Frage, wonach man sich richten soll.

Ich freue mich, dass viele junge Menschen an diesem Buch mitgewirkt und ihre Vorstellungen, Gedanken und Gefühle formuliert haben. Somit kann nicht nur deutlich werden, was Jugendlichen und jungen Erwachsenen wichtig ist, sondern damit wird dieses Buch selbst zu einem besonderen Schatz.

Ich hoffe, dass es in der Jugendarbeit und im alltäglichen Leben seine Verwendung findet und darüber hinaus alle ermutigt, selbst darüber nachzudenken und Zeugnis dafür abzulegen, was ihnen wertvoll ist. Wir brauchen in unserer Kirche und in unserer Gesellschaft vor allem junge Menschen, die christliche Werte erkennen, dafür einstehen und sich für sie stark machen.

Euch allen wünsche ich die Freude und den Mut dazu und lasst euch von eurer eigenen Courage überraschen!

Euer

Friedhelm

Friedhelm, Bischof von Würzburg

inhalt

was mir wertvoll ist

freundschaft

Freundschaft bezeichnet eine positive Beziehung und Empfindung zwischen zwei Menschen, die sich als Sympathie und Vertrauen zwischen ihnen zeigt. In einer Freundschaft schätzen und mögen die befreundeten Menschen einander um ihrer selbst willen. Freundschaft beruht auf Zuneigung, Vertrauen und gegenseitiger Wertschätzung. Freundschaft wird heute besonders gegen familiäre Beziehungen abgegrenzt, die zwar ebenfalls dauerhaft und emotional, aber entweder nicht frei gewählt (Verwandte) oder sexuell geprägt (Sexual- und Ehepartner) sind.

vgl. Wikipedia 2008

Freundschaften gibt es schon so lange wie es Menschen gibt. Auch wenn gerade in frühen und frühesten Zeiten ganz praktische Überlebensgründe dafür sprachen, sich in Gruppen und Gemeinschaften zusammen zu finden, so hat Sympathie auch schon immer eine Rolle gespielt.

Für Aristoteles zum Beispiel war klar, dass die Freundschaft ein wichtiger Bestandteil einer funktionierenden Gesellschaft ist. Er vertrat sogar die Meinung, dass der Staat die Freundschaft höher als die Gerechtigkeit schätzen solle. Ob er dabei allerdings die gleiche Definition von Freundschaft im Kopf hatte wie wir heute? Es ging eher darum, dass man auf das Wohlwollen der anderen angewiesen war – es gab keinen öffentlichen Dienst im alten Griechenland und so war man auf die Hilfe und Unterstützung anderer angewiesen, vor allem in Notsituationen. Jede und jeder versuchte daher, gute Kontakte zu knüpfen, um die nötige Unterstützung zu bekommen.

Diese Aspekte werden heute wieder wichtiger. Da die Familien kleiner werden und dadurch auch die gegenseitige Unterstützung nicht mehr vorausgesetzt werden kann, ist das funktionierende soziale Netz aus Freundschaften wieder in den Vordergrund getreten.

Freundschaftliche Beziehungen werden nach dem Grad ihrer Stärke gestuft – das kennt jede und jeder. Die schwächste Form ist die »Bekanntschaft«, die stärkste »die Freundschaft fürs Leben« – und dazwischen gibt es jede Menge Abstufungen, die auch jeder Mensch anders interpretiert und empfindet.

Der Psychologe Herb Goldberg hat Freundschaften in drei Kategorien eingeteilt. Er unterscheidet zwischen:

▸ **Nutzfreundschaften,** die nur geschlossen werden, solange die Beteiligten – aus welchen Motiven auch immer – voneinander profitieren,

▸ **Zweckfreundschaften,** in denen man auch seine Freizeit aus freien Stücken miteinander verbringt, um bestimmte Zwecke zu verfolgen (z.B. Fußball spielen) und

▸ **Freundschaften,** die dadurch gekennzeichnet sind, dass Menschen zusammen kommen, ohne bestimmte Ziele, Zwecke etc. zu verfolgen. Diesen Menschen ist es nicht wichtig, ob sie selbst Gewinner oder Verlierer sind – Überlegenheit spielt keine Rolle mehr.

Eine besondere Rolle nehmen Kinderfreundschaften ein. Sie sind vom gemeinsamen Spiel geprägt und stellen eine Basis für den Erwerb von Sozialkompetenz dar. Oft sind Kinderfreundschaften nur von kurzer Dauer; aber wenn sie länger andauern, werden gerade die in Kindheit und Jugend geknüpften Freundschaften in vielen Fällen als besonders wertvoll empfunden.

Jede Freundschaft ist anders, jede Freundschaft ist einzigartig. Freundschaften können unterschiedlich intensiv sein. Manche halten ein Leben lang, andere Freunde begleiten uns nur eine Zeit lang. Einige verliert man aus den Augen, mit anderen bleibt der Kontakt bestehen, auch wenn sich die Lebensumstände ändern. Aber eines ist sicher: Wir alle brauchen Freunde.

Renate Obert

DAS GLEICHNIS VOM BITTENDEN FREUND

Dann sagte Jesus zu seinen Jüngern: »Stellt euch vor, einer von euch geht mitten in der Nacht zu seinem Freund und bittet ihn: Lieber Freund, leih mir doch drei Brote! Ich habe gerade Besuch von auswärts bekommen und kann ihm nichts anbieten. Würde da der Freund im Haus wohl rufen: Lass mich in Ruhe! Die Tür ist schon zugeschlossen und meine Kinder liegen bei mir im Bett. Ich kann nicht aufstehen und dir etwas geben? Ich sage euch, wenn er auch nicht gerade aus Freundschaft aufsteht und es ihm gibt, so wird er es doch wegen der Unverschämtheit jenes Menschen tun und ihm alles geben, was er braucht.«

Lukas-Evangelium, Kapitel 11, Verse 5–8

ZWEI SIND ALLEMAL BESSER DRAN ALS EINER ALLEIN

Zwei sind allemal besser dran als einer allein. Wenn zwei zusammenarbeiten, bringen sie es eher zu etwas. Wenn zwei unterwegs sind und hinfallen, dann helfen sie einander wieder auf die Beine. Aber wer allein geht und hinfällt, ist übel dran, weil niemand ihm helfen kann. Wenn zwei beieinander schlafen, können sie sich gegenseitig wärmen. Aber wie soll einer allein sich warm halten? Ein einzelner Mensch kann leicht überwältigt werden, aber zwei wehren den Überfall ab. Noch besser sind drei; es heißt ja: »Ein Seil aus drei Schnüren reißt nicht so schnell.«

Buch Kohelet, Kapitel 4, Verse 9–12

DIE FREUNDSCHAFT

Sanfte Rede erwirbt viele Freunde, freundliche Lippen sind willkommen. Viele seien es, die dich grüßen, dein Vertrauter aber sei nur einer aus tausend. Willst du einen Freund gewinnen, gewinne ihn durch Erprobung, schenk ihm nicht zu schnell dein Vertrauen! Mancher ist Freund je nach der Zeit, am Tag der Not hält er nicht stand. Mancher Freund wird zum Feind, unter Schmähungen deckt er den Streit mit dir auf. Mancher ist Freund als Gast am Tisch, am Tag des Unheils ist er nicht zu finden. In deinem Glück ist er eins mit dir, in deinem Unglück trennt er sich von dir. Trifft dich ein Unglück, wendet er sich gegen dich und hält sich vor dir verborgen. Von deinen Feinden halte dich fern, vor deinen Freunden sei auf der Hut! Ein treuer Freund ist wie ein festes Zelt; wer einen solchen findet, hat einen Schatz gefunden. Für einen treuen Freund gibt es keinen Preis, nichts wiegt seinen Wert auf. Das Leben ist geborgen bei einem treuen Freund, ihn findet, wer Gott fürchtet. Wer den Herrn fürchtet, hält rechte Freundschaft, wie er selbst, so ist auch sein Freund.

Jesus Sirach, Kapitel 6, Verse 5–17, aus der Einheitsübersetzung

ZWEI SIND
ALLEMAL BESSER
DRAN ALS
EINER ALLEIN

Freunde

Neben dir, fest, stark
Hände die dich halten,
wenn du stürzt
und die deine Sorgen verwalten,
wenn du an ihnen erstickst.

Menschen, die dich immer lieben,
egal was auch geschieht,
wenn du etwas schreckliches getan hast
und sich dein Herz zusammenzieht
und du keine Hoffnung mehr kennst.

Warme Herzen,
Engel, die neben dir stehen
und dich alle Wege führen,
die du im Leben wünschst zu gehen,
sind sie noch so verschlungen.

Weg vom Dunklen,
sie bringen dich ins Licht
wenn du im Finsteren irrst.

Alle Angst im Lichte von dir bricht,
du kannst wieder sehen.

Ziehen dich hoch,
helfen dir auf schwache Beine,
wenn du verlernt hast zu stehen
und Angst hast zu sterben alleine,
auf dem Boden.

Du denkst an sie ...

und dein Herz füllt sich mit Glück,
niemals
willst du in die Einsamkeit zurück.

Lisa Pfannes

Menschen sind wertvoll

Es gibt viele Dinge in meinem Leben, die mir sehr viel bedeuten, die mir wertvoll sind. Aber mir ist nichts so wertvoll wie andere Menschen:

Menschen – die mich begleiten, die ein Stück meines Lebens mit mir gehen.

Menschen – die ich treffe, das Treffen aber zu einer Begegnung wird mit schönen Details, die mir in Erinnerung bleiben.

Menschen – die mein Handeln auch mal kritisch hinterfragen und mir so helfen meinen Blick zu weiten für neue, andere Wege.

Menschen – die mir zuhören, denen ich meine Wünsche und Ängste anvertrauen kann.

Menschen – die mir in schwierigen Zeiten zur Seite stehen, mir Halt geben und mich immer wieder Geborgenheit erfahren lassen.

Menschen – die mich beachten, die mich schätzen, mich wertschätzen.

Menschen – durch die ich erfahren kann wer ich bin, welche Stärken und Schwächen ich habe.

Menschen – an denen ich mich auch mal reiben kann und so meine eigenen Grenzen erfahre.

Menschen – durch die mein Alltag mit vielen kleinen Freuden bereichert wird.

Menschen – die mir Gott näher bringen, durch die ich Gott erfahren kann.

Diese Menschen, machen mein Leben erst zu einem wertvollen Leben. Ich möchte all das auch für andere Menschen sein. Ich möchte ihnen auch so wertvoll sein!

Karolin Gerhard

Eine Freundschaftskiste packen...

Kreative Auseinandersetzung mit dem Thema

- ✏️ für jede Teilnehmerin und jeden Teilnehmer eine kleine Kiste oder Karton, Zeitschriften, Symbole, Papier, Stifte, ggf. Kleber
- 🕐 15 – 20 Minuten
- 👥 für jedes Alter, beliebige Gruppengröße

Die Teilnehmerinnen und Teilnehmer werden eingeladen, ihre Gedanken zum Thema Freundschaft, z. B. was ihnen an Freunden wichtig ist, symbolisch darzustellen und in eine Kiste zu packen. Diese Kiste kann mit Bildern, Texten, Worten, … aus der Zeitung oder mit selbst geschriebenem oder gemaltem verziert werden. Es können auch Zeitungsausschnitte, Zeichnungen, Symbole oder Texte in die Kiste gepackt werden.

Je nach Gruppengröße kann man sich zu zweit, in Kleingruppen oder mit allen gemeinsam die Kisten vorstellen und darüber ins Gespräch kommen.

Freundschafts-Kreuzwort

Kreative Auseinandersetzung mit dem Thema

✏🖺 je nach Ausgestaltung für alle Teilnehmerinnen und
Teilnehmer Papier oder ein großes Plakat für alle; Stifte

🕐 5 – 10 Minuten

👥 für jedes Alter, beliebige Gruppengröße

Der Begriff »Freundschaft« wird in großen Buchstaben untereinander auf ein großes Plakat (für die ganze Gruppe) oder auf Papier (für jede Teilnehmerin und jeden Teilnehmer) geschrieben. Jeder Teilnehmer und jede Teilnehmerin soll nun Begriffe zu den einzelnen Buchstaben finden, die für sie oder ihn Freundschaft ausmachen. Dabei kann der Buchstabe aus »Freundschaft« als Anfangsbuchstabe oder mitten im neuen Begriff verwendet werden. Die »Kreuzworte« werden dann im Plenum vorgestellt.

F
R
E
U
N
D
S
C
H
A
F
T

Freunde

»Wohin willst du?« fragte der Vater.

Benjamin hielt die Türklinke fest.

»Raus«, sagte er.

»Wohin raus?« fragte der Vater.

»Na so«, sagte Benjamin.

»Und mit wem?« fragte der Vater.

»Och …«, sagte Benjamin.

»Um es klar auszusprechen«, sagte der Vater, »ich will nicht, dass du mit diesem Josef rumziehst!«

»Warum?« fragte Benjamin.

»Weil er nicht gut für dich ist«, sagte der Vater.

Benjamin sah den Vater an.

»Du weißt doch selber, dass dieser Josef ein … na, sagen wir, ein geistig zurück gebliebenes Kind ist«, sagte der Vater.

»Der Josef ist aber in Ordnung«, sagte Benjamin.

»Möglich«, sagte der Vater. »Aber was kannst du schon von ihm lernen?«

»Ich will doch nichts von ihm lernen«, sagte Benjamin.

»Man sollte von jedem, mit dem man umgeht, etwas lernen können«, sagte der Vater.

Benjamin ließ die Türklinke los.

»Ich lerne von ihm, Schiffchen aus Papier zu falten«, sagte er.

»Das konntest du mit vier Jahren schon«, sagte der Vater.

»Ich hatte es aber wieder vergessen«, sagte Benjamin.

»Und sonst?« fragte der Vater. »Was macht ihr sonst?«

»Wir laufen rum«, sagte Benjamin. »Sehen uns alles an und so.«

»Kannst du das nicht auch mit einem anderen Kind zusammen tun?« fragte der Vater.

➡

»Doch«, sagte Benjamin. »Aber der Josef sieht mehr«, sagte er dann.

»Was?« fragte der Vater. »Was sieht der Josef?«

»So Zeugs«, sagte Benjamin. »Blätter und so. Steine. Ganz tolle. Und er weiß, wo Katzen sind. Und die kommen, wenn er ruft.«

»Hm«, sagte der Vater. »Pass mal auf«, sagte er. »Es ist im Leben wichtig, dass man sich immer nach oben orientiert.«

»Was heißt das«, fragte Benjamin, »sich nach oben orientieren?«

»Das heißt, dass man sich Freunde suchen soll, zu denen man aufblicken kann. Freunde, von denen man etwas lernen kann. Weil sie vielleicht ein bisschen klüger sind als man selber."

Benjamin blieb lange still.

»Aber«, sagte er endlich, »wenn du meinst, dass der Josef dümmer ist als ich, dann ist es doch gut für den Josef, dass er mich hat, nicht wahr?«

Gina Ruck-Pauquèt

Freund sein

füreinander da sein

an der Seite sein

aufrichtig sein

liebevoll sein

besorgt sein

Mutmacher sein

Segen sein

Freund sein

Renate Obert

Du bist Du

Popsong

Refrain: Du bist du, du bist wert-voll und wich - tig.

Du bist du, suchst dein Glück nicht nur flüch - tig.

Du bist du, wirst vom Himmel ge-tra - gen.

Du bist du, kannst dein Le - ben jetzt wa - gen.

Strophen:
1.) Von Gott ge-liebt zu je-der Zeit, von
2.) Das Glück er-grünt durch Got-tes Hand. Du
3.) Das Le-ben klingt, klingt gut in dir. Die

ihm ge-wollt: Das trägt dich weit._____
hast ver-dient sein Freund-schafts-band._____
See-le singt ihr Lied da - für._____

Text: Hermann Schulze-Berndt / Musik: Klaus-Hermann Anschütz

Liedvorschläge zum Thema Freundschaft

Ein Mensch mit dem ich rede (*Troubadour* **783**)

Wir wollen aufstehn, aufeinander zugehn ... (*IHM & uns* **306**)

Nehmet einander an (*Troubadour* **1039**)

Im Namen der Freundschaft (Sportfreunde Stiller)

Freunde (Die Toten Hosen)

Immer an euch geglaubt (Christina Stürmer)

was mir wertvoll ist

freiheit

Freiheit wird in der Regel verstanden als die individuelle Möglich-keit, ohne Zwang zwischen verschiedenen Handlungsmöglichkei-ten auswählen und entscheiden zu können. Der Begriff benennt allgemein einen Zustand der Autonomie eines handelnden Subjekts.

vgl. Wikipedia 2008

»Meine Freiheit ist grenzenlos!« Bürger der ehemaligen DDR konnten das nach dem Mauerfall 1989 hautnah erfahren. Zum ersten Mal durften sie dort hingehen und reisen, wohin sie wollten. Keine Mauer, kein Staat und keine Behörden schränkten ihre Freiheit mehr ein.

Heute gilt das für die meisten Menschen in der westlichen Hemisphäre und natürlich für uns Menschen hier in Deutschland. Heute gilt: Wir sind frei, wir können machen was wir wollen! Aber erleben wir das so? So einfach scheint es nicht zu sein. Um wirkliche Freiheit zu erleben und zu erfahren, müssen zwei Bedingungen gewahrt bleiben: die äußere und die innere Freiheit.

Zunächst einmal müssen also die äußeren Bedingungen stimmen. Die Erfahrungen aus der DDR (aber auch aus noch existierenden totalitären Staatsformen) zeigen: Es bedarf einer äußeren Freiheit, einer politischen Freiheit, die die Freiheit des Einzelnen erst ermöglicht. In den westlichen Ländern wird das als freiheitlich-demokratische Grundordnung bezeichnet. Diese Grundordnung steht für eine Gesellschaft, in der bestimmte Grundrechte wie das Recht auf Leben, die Meinungsfreiheit, das Recht auf Eigentum nicht aufgegeben werden können.

Zu dieser äußeren Freiheit muss aber auch die innere Freiheit hinzukommen, d. h. die Möglichkeit, sich von inneren und äußeren Zwängen zu befreien und stattdessen selbstbestimmt wählen zu können. Heute stehen viele Menschen oft ratlos vor einer unüberschaubaren Vielfalt von Lebensmöglichkeiten und Lebensentwürfen. Noch vor hundert Jahren war der Lebensweg des Einzelnen im Großen und Ganzen bei der Geburt durch Herkunft, Schicht, Religion und Werte vorgezeichnet. Heute muss niemand mehr den Beruf ausüben, den sein Vater hatte; niemand muss mehr dort wohnen bleiben, wo er aufgewachsen ist; Partnerschaften und Beziehungen können frei gewählt werden; niemand muss mehr das glauben, was seine Eltern geglaubt haben. Solange wir niemandem schaden und im Rahmen der Rechtsstaatlichkeit bleiben, tun sich also zahllose Möglichkeiten der individuellen Selbstbestimmung und Gestaltung des eigenen Lebens auf. Doch diese ungeheure Freiheit des Einzelnen kann überfordern und lässt tatsächlich viele scheitern. Der Einzelne steht heute unter dem täglichen Druck, angesichts einer grenzenlosen Fülle von unverbindlichen Angeboten seine individuelle Lebensform selbst gestalten zu müssen. So kommt es manchmal zu einer wirklichen Not der Freiheit. Viele Menschen fliehen vor der Aufgabe, die ihnen ihr Leben stellt. Sie fliehen vor sich selbst und verfehlen darin letztlich die Wirklichkeit ihrer Freiheit. All dies macht deutlich, dass Freiheit nicht einfach ein sicherer Besitz ist, der jahrhundertelang erkämpft wurde, sondern dass wir Menschen sie nur allzu oft verspielen. Freiheit bleibt Gabe und Aufgabe zugleich.

Matthias Zöller

DER GLAUBE AN JESUS MACHT FREI

Jesus sagte zu den Juden, die zum Glauben an ihn gekommen waren: »Wenn ihr bei dem bleibt, was ich euch gesagt habe, und euer Leben darauf gründet, seid ihr wirklich meine Jünger. Dann werdet ihr die Wahrheit erkennen und die Wahrheit wird euch frei machen.«

Johannes-Evangelium, Kapitel 8, Verse 31-32

DIE FREIHEIT DER CHRISTEN

Ihr alle seid jetzt mündige Söhne und Töchter Gottes – durch den Glauben und weil ihr in engster Gemeinschaft mit Jesus Christus verbunden seid. Denn als ihr in der Taufe Christus übereignet wurdet, habt ihr Christus angezogen wie ein Gewand. Es hat darum auch nichts mehr zu sagen, ob ein Mensch Jude ist oder Nichtjude, ob im Sklavenstand oder frei, ob Mann oder Frau. Durch eure Verbindung mit Jesus Christus seid ihr alle zu einem Menschen geworden. Wenn ihr aber zu Christus gehört, seid ihr auch Abrahams Nachkommen und bekommt das Erbe, das Gott Abraham versprochen hat.

Galater-Brief, Kapitel 3, Verse 26-29

FREIHEIT STATT KNECHTSCHAFT

Christus hat uns befreit; er will, dass wir jetzt auch frei bleiben. Steht also fest und lasst euch nicht wieder ins Sklavenjoch einspannen! [...] Gott hat euch zur Freiheit berufen, meine Brüder und Schwestern! Aber missbraucht eure Freiheit nicht als Freibrief zur Befriedigung eurer selbstsüchtigen Wünsche, sondern dient einander in Liebe. Das ganze Gesetz ist erfüllt, wenn dieses eine Gebot befolgt wird: »Liebe deinen Mitmenschen wie dich selbst.«

Galater-Brief, Kapitel 5, Verse 1 und 13-14

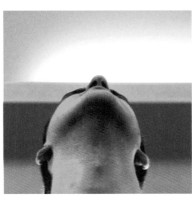

DANN WERDET IHR
DIE WAHRHEIT ERKENNEN
UND DIE WAHRHEIT
WIRD EUCH FREI MACHEN

Freiheit?

Freiheit, heißt das, nicht eingesperrt sein? Heißt es, dass man ohne verfolgt zu werden herumlaufen kann?

Oder steckt da mehr dahinter? Bedeutet Freisein nicht auch seinen Gedanken freien Lauf lassen zu können oder sich nicht im eigenen Körper einzusperren? Sind Frieden und Freiheit nicht zwei Dinge, die nicht ohne einander funktionieren?

Kann Freisein nicht manchmal auch träumen bedeuten? Ist es überhaupt möglich in dieser Welt die wirkliche Freiheit zu erreichen?

Ist man nicht doch immer irgendwelchen Zwängen ausgeliefert? Ist Gott nicht die wirkliche und einzige Befreiung aus unserem andauernden Gefängnis dieser Welt?

Wird man einfach so frei oder muss man sich dafür einsetzen? Nimmt man sich nicht oft selbst die Freiheit und bindet man sich manchmal nicht selbst die Hände zusammen?

Ich frage mich, was zu tun ist! – Ist es nicht letztlich so, dass wir alle eingesperrt frei sind?

Katharina Postler

Freiheit bedeutet für mich

Freiheit bedeutet für mich,
>in meinem Auto durch die Gegend zu fahren
>und nachzudenken.

Freiheit bedeutet für mich,
>in dem Beruf arbeiten zu dürfen, den ich mir aussuche.

Freiheit bedeutet für mich,
>hingehen zu können wohin ich will.

Freiheit bedeutet für mich,
>glauben zu dürfen an was ich will.

Freiheit bedeutet für mich,
>meine Religion so auszuleben wie ich das fühle.

Freiheit bedeutet für mich,
>meine Zukunft selbst in die Hand nehmen zu können.

Freiheit bedeutet für mich,
>mich mit meinen Freunden zu treffen.

Freiheit bedeutet für mich,
>meine Gefühle in Texten niederzuschreiben und zu verarbeiten.

Freiheit bedeutet für mich,
>verantwortungsbewusst tun und lassen zu können was ich will.

Freiheit bedeutet für mich:
leben!

Sabine Fischer

Die Marionette

Erfahren, was es bedeutet, frei zu sein

✎▌ CD-Spieler, Musik (siehe Beschreibung)

🕐 ca. 20 Minuten

👥 für Jugendliche ab 14 Jahren

Für diese Übung sind ein wenig Platz und ein CD-Spieler notwendig. Zu Beginn werden die Jugendlichen aufgefordert, sich auf den Boden zu legen oder zu kauern (zum Beispiel mit dem Kopf zwischen den Knien).

Anschließend werden sie eingeladen, sich vorzustellen, sie seien eine Marionette. Dazu läuft im Hintergrund leise Musik:

▸ »Stell dir vor, du bist eine Marionette und liegst hinter der Bühne eines Theaters (wer Lust und Zeit hat, kann diese Phase ruhig etwas ausschmücken).

▸ Plötzlich kommt ein imaginärer Marionettenspieler und beginnt damit, an den Schnüren, die an deinen Beinen und Armen befestigt sind, zu ziehen.

▸ Zuerst zieht er an der Schnur, die mit deinem linken Arm verbunden ist und hebt ihn hoch … und lässt ihn wieder fallen. Dann zieht er an der Schnur, die mit deinem Kopf verbunden ist, zieht sie hoch und lässt sie wieder fallen (nach und nach können so verschiedene Schnüre durchgespielt werden). Schließlich beginnt der Marionettenspieler damit, dich langsam aufzurichten (dabei beschreibst du genau, wie zuerst der Kopf hochgehoben wird, dann die Arme und der Oberkörper, die Beine, bis die Marionette steht).

▸ Der Marionettenspieler führt dich jetzt im Raum herum (hier etwas Zeit lassen zum Einfühlen und Ausprobieren).

▸ Nach einer Weile passiert etwas Unglaubliches. Irgendjemand durchtrennt die Schnur, an der dein linker Arm fest gemacht ist. Du kannst es noch gar nicht fassen und entdeckst, dass du deinen Arm so bewegen kannst, wie du es willst.

▸ Auch die Schnur an deinem rechten Arm wird durchschnitten und du kannst ihn frei bewegen.«

Nach und nach werden jetzt alle Schnüre der Marionette abgeschnitten. Die Teilnehmerinnen und Teilnehmer werden eingeladen, ihre neu gewonnene Freiheit zu genießen. Sie können dorthin laufen, wohin sie wollen, sie können sich ihr Tempo frei wählen, …

Toll ist, wenn man jetzt Musik zur Verfügung hat (das kann auch ein richtig heißer Beat sein), die Lust macht, sich im Rhythmus zu bewegen, so dass alle nach und nach ins Tanzen kommen.

Die fünf Freiheiten

»Wir können unser Selbstwertgefühl steigern durch die Bereitschaft, Neuem gegenüber aufgeschlossen zu sein, es auszuprobieren und wenn es zu uns passt, so lange zu üben, bis es uns selbstverständlich geworden ist. Um diesen Prozess in Gang zu setzen, habe ich etwas entwickelt, was ich ›Die fünf Freiheiten‹ nenne.

1. Die Freiheit, das zu sehen und zu hören, was im Moment wirklich da ist, anstatt was sein sollte, gewesen ist oder erst sein wird.

2. Die Freiheit, das auszusprechen, was ich wirklich fühle und denke, und nicht das, was von mir erwartet wird.

3. Die Freiheit, zu meinen Gefühlen zu stehen, und nicht etwas anderes vorzutäuschen.

4. Die Freiheit, um das zu bitten, was ich brauche, anstatt immer erst auf Erlaubnis zu warten.

5. Die Freiheit, in eigener Verantwortung Risiken einzugehen, anstatt immer auf Nummer Sicher zu gehen und nichts Neues zu wagen.«

Virginia Satir

Rund um die Uhr

Wir können rund um die Uhr
Im Internet Einkäufe machen
Und joggen und turnen und laufen
Und auch das Fernsehen
Sendet Tag und Nacht

Wir können rund um die Uhr
Am hochgefahrenen Computer sitzen
Und lesen und reden und lernen
Und auch die Fabrikmaschinen
Laufen Tag und Nacht

Wir können rund um die Uhr
An Arbeit und Erfolgsaussichten denken
Und bangen und grübeln und rechnen
Und auch die Kirchturmuhren
Schlagen Tag und Nacht.

Wir können rund um die Uhr
Nutzlos die Zeit wohl verbringen
Doch manchmal hilft auch ganz einfach
Tanzen und beten und singen
Gleichwohl bei Tag und bei Nacht.

Frank Greubel

Hey Mensch

Strophe

Dm   **C6**

Ich sitz' schon seit Stun - den, mein Ver - stand dreht die Run - den,

Gm   **A**   **Gm**

doch mein Kopf ist schwer, ich ka - pier nichts mehr - ich bin leer!

Dm   **C6**   **Gm**

Kon-zen-trie-ren brauch ich nicht pro-bie-ren, weil drau-ßen im Frei-en hun-dert

A   **Bb**   **C**   **F**

Kin-der schrei-en. A-ber wäh-rend ich mir noch die Haa-re rauf

Gm   **A**   **Bb**   **C**

bringt ihr fre-ches La-chen mich to-tal gut drauf. Plötz-lich geht mir die e-wi-ge La -

F   **Eb**   **C**

ter-ne auf, und das hel-le Licht schafft die Ü-ber-sicht:

Refrain

F   **C/F**   **F**   **Gm7**   **F/A**

Hey Mensch in dei-ner grau-en Welt! Spürst Du die Nä-he des Herrn, der

Bb9   **Bb/C**   **C**   **F**   **Bb/F**   **C/F**   **F**

die-ses Lied mit Kraft er-füllt? Le - ben ist für uns be-stellt,

Gm7   **C**   **Dm**   **Ho**   **Bb**   **C**   **Bb**   **F**

es ist al-les was gilt; es zu le-ben ist al-les was zählt!

2. Jede freie Minute hockst Du in deiner Bude,

was der Tag so kann macht Dich momentan gar nicht an.

Bock auf Leute hast Du keinen heute

sondern schleichst Dich wie immer ins Computerzimmer.

Mann, nun zieh doch mal die Jalousien hoch!

Lass die Sonne rein – warum sitzt Du noch?

Die Langeweile flüchtet sich ins Mauseloch

wenn sein frischer Geist Dir die Richtung weist. *Refrain*

3. In der Kirche wart ihr schon seit Wochen nicht mehr

denn der Stammtisch ruft – wer ihn nicht besucht sei verflucht!

»Bier zu teuer« und die Tabaksteuer

sind die Interessen, die beschimpft werden müssen.

Doch wir treiben euch aus diesem Stimmungstief,

zeigen euch die Energie zum Nulltarif!

Die gute Nachricht schlägt ein wie ein Kettenbrief:

mit dem Jammerfluss ist jetzt endlich Schluss! *Refrain*

4. Lässt ein Schicksalsgewitter unsern Frohsinn erzittern

bricht das kein Genick, ER gab uns zum Glück die Musik!

Aufschwungsbote ist nur eine Note

und jeder haut auf der Stelle in die Saiten, Tasten, Felle.

Und jetzt räumen wir den Seelenkeller auf,

wir rocken alle an die Wand, wir sind total gut drauf!

Die nächste Hürde nehmen wir im Dauerlauf.

Ein Lied drängt sich vor, und das singen wir im Chor: *Refrain*

Text / Musik: Heiko Gase

Liedvorschläge zum Thema ➡

Liedvorschläge zum Thema Freiheit

Wenn der Geist sich regt (*Troubadour* **67**)
Wagt euch zu den Ufern (*IHM & uns* **300**)
Du stellst meine Füße auf weiten Raum

Freiheit (Marius Müller-Westernhagen)
Himmelblau (Die Ärzte)
Freiheit (Xavier Naidoo)

freiheit: singbar

was mir wertvoll ist

vertrauen

Vertrauen wird umgangssprachlich als die Annahme verstanden, dass Ereignisse einen positiven Verlauf nehmen, meist im zwischenmenschlichen Bereich. Ein wichtiges Merkmal ist dabei das Vorhandensein einer Handlungsalternative. Dies unterscheidet Vertrauen von Hoffnung. Umgangssprachlich wird Misstrauen oft als das Gegenteil von Vertrauen angesehen.

vgl. Wikipedia 2008

Vertrauen – ein Begriff, den alle kennen, den alle verwenden. Soll man sein Vertrauen in etwas oder jemanden begründen, fällt es manchmal schwer. Es ist »halt so ein Gefühl«, das manchmal nicht begründbar ist und das man hin und wieder sogar dann hat, wenn die Tatsachen eigentlich eine andere Sprache sprechen.

Es gibt verschiedene Aspekte des Vertrauens. Drei sollen hier näher beleuchtet werden: Urvertrauen, soziales Vertrauen und Gottvertrauen. Grundlage, jemandem vertrauen zu können, ist das Urvertrauen. Dieser Begriff wird in Psychologie und Soziologie verwendet – er ist nicht unumstritten.

Kernpunkt ist, dass ein Säugling lernt, Vertrauen in irgendetwas zu entwickeln, ob er also lernt, dem Vertrauen zu vertrauen. Jeder Mensch entwickelt in den ersten Lebensmonaten und -jahren ein Gefühl dafür, welchen Situationen und Menschen er vertrauen kann. Dieses Lernen ist grundlegend dafür, dass der Mensch Beziehungen zu anderen Menschen entwickeln kann.

Urvertrauen entwickelt sich im Kind durch verlässliche, durchgehende, liebende und sorgende Zuwendung einer Bezugsperson, meist der Eltern bzw. eines Elternteils. Es ist die Grundlage für

- Vertrauen in sich selbst, Selbstwertgefühl, Liebesfähigkeit
- Vertrauen in andere, Partnerschaft, Solidarität
- Vertrauen in das Ganze, die Welt.

Konnte sich dieses Urvertrauen nicht entwickeln, ist die Bindungsfähigkeit eines Menschen eingeschränkt.

Im Zusammenleben von Menschen spielt das soziale Vertrauen eine große Rolle. In der Soziologie wird es als intensives Gefühl in der kulturellen Übereinstimmung mit anderen Menschen definiert.

Dadurch entsteht ein stabiles, sich nur langsam veränderndes Vertrauen zwischen Mitgliedern einer Gemeinschaft. Man ist bereit, etwas für andere oder die Gesellschaft allgemein zu tun, in dem Vertrauen, dass auch andere sich einbringen und man so selbst über kurz oder lang davon profitiert.

Soziales Vertrauen ist auch ein wichtiger Faktor im Blick auf das Funktionieren der Demokratie. Vertrauen in staatliche Institutionen kann zum Beispiel aus sozialem Vertrauen entstehen.

Unter Gottvertrauen wiederum versteht man in erster Linie das Vertrauen des Menschen in Gott und sein Handeln. Aus christlicher Sicht bedeutet Gottvertrauen: Die Liebe Gottes als allumfassend zu erkennen und das eigene Vertrauen in Gottes Hände zu legen. Es heißt auch, die drei christlichen Haupttugenden Glaube, Hoffnung und Liebe selbst zu leben und an andere weiterzugeben.

Auch in verschiedenen anderen Religionen gibt es Gottvertrauen. Im Judentum ist es das Vertrauen auf Jahwe. Islam bedeutet wörtlich übersetzt »Hingabe« (an Allah). In östlichen Religionen, zum Beispiel im Buddhismus, Konfuzianismus oder Taoismus, gibt es das Vertrauen in das Werden und Vergehen und den Glauben an die Reinkarnation (Wiedergeburt) oder eine natürliche Ordnung. In einigen Natur- und Stammesreligionen gibt es das Ideal vom Leben im Einklang mit der Natur und das Vertrauen auf die natürliche Ordnung der Dinge – eine andere Art des Vertrauens auf höhere Mächte.

Renate Obert

BEI GOTT FINDE ICH RUHE

Ein Lied Davids, nach der Weise Jedutuns.

Nur auf Gott vertraue ich und bin ruhig; von ihm allein erwarte ich Hilfe. Er ist der Fels und die Burg, wo ich in Sicherheit bin. Wie sollte ich da wanken? Wie lange stürzt ihr euch auf einen Einzigen, um ihn totzuschlagen, ihr alle miteinander? Eine Mauer, die sich schon neigt, eine brüchige, schwankende Wand – mehr bin ich doch nicht!

Ständig schmiedet ihr Pläne, um mich von meinem Ehrenplatz zu stürzen; es macht euch Vergnügen, mich zu verleumden. Euer Mund sagt mir Segenswünsche, aber im Herzen verflucht ihr mich. Immer wieder muss ich es mir sagen: Vertrau auf Gott, dann findest du Ruhe! Er allein gibt mir Hoffnung, er ist der Fels und die Burg, wo ich in Sicherheit bin; darum werde ich nicht wanken.

Gott ist mein Retter, er schützt meine Ehre; mein starker Fels ist er und meine Zuflucht!

Ihr, die ihr zu seinem Volk gehört, setzt allezeit euer Vertrauen auf ihn, schüttet euer Herz bei ihm aus; denn Gott ist unsere Zuflucht! Menschen, ob hoch oder niedrig, ein Hauch sind sie, ein täuschendes Nichts. Auf der Waagschale schnellen sie in die Höhe, sie alle zusammen sind leichter als ein Hauch. Verlasst euch nicht auf Gewalt, erwartet keinen Gewinn von Raub! Und wenn euer Wohlstand wächst, hängt euer Herz nicht daran! Gott hat gesprochen, mehr als einmal habe ich es gehört, dass bei ihm die Macht ist – ja, Herr, und auch die Treue; du belohnst oder bestrafst jeden nach seinem Tun.

Psalm 62, Verse 1–13

VOLL VERTRAUEN ZU GOTT BETEN

»Bittet und ihr werdet bekommen! Sucht und ihr werdet finden! Klopft an und es wird euch geöffnet! Denn wer bittet, der bekommt; wer sucht, der findet; und wer anklopft, dem wird geöffnet. Wer von euch würde seinem Kind einen Stein geben, wenn es um Brot bittet? Oder eine Schlange, wenn es um Fisch bittet? So schlecht ihr auch seid, ihr wisst doch, was euren Kindern gut tut, und gebt es ihnen. Wie viel mehr wird euer Vater im Himmel denen Gutes geben, die ihn darum bitten.«

Matthäus-Evangelium, Kapitel 7, Verse 7-11

VERTRAU AUF GOTT, DANN FINDEST DU RUHE!

Gott

Eine Hand, die einen hält

und verhindert, dass man fällt.

Ein Ohr, das einem zuhört

auch wenn man gerade stört.

Ein Mund, der keine Ratschläge erteilt

jedoch mit manchen Worten heilt.

Ein Glaube, der einen hoffen lässt

und mich niemals fallen lässt.

Einer, der immer da ist,

den man aber doch nie wahrnimmt.

Manuela Zirk

Gebet zum Vater im Himmel

Lieber himmlischer Vater,

oft bin ich mir nicht sicher, welchen Weg ich gehen soll und was mir wirklich wichtig ist. Dann habe ich das Gefühl alleine zu sein in einem dunklen, tiefen Loch und dann schickst du mir einen Lichtstrahl. Ich bin zwar jung, aber du hast mir schon oft gezeigt, was wirklich wertvoll ist. Meine Entscheidungen waren nicht immer richtig, aber ich habe inzwischen gelernt, dir zu vertrauen, auch wenn es mir noch ab und an schwer fällt. Irgendwann wirst du mir die Lösung für mein Problem schicken. Manchmal auf recht ungewöhnlichem Wege. Gott, du gibst mir alles was ich zum Leben brauche und oftmals auch mehr. Ich weiß, dass ich meine Freunde durch dich gefunden habe, du versorgst mich mit Wasser, Licht, Luft und allem was ich sonst noch zum Leben brauche. Immer wenn ich vor einer für mich kaum lösbaren Aufgabe stand, hast du mir jemanden geschickt, der mir geholfen hat. Ich habe keine Angst vor der Zukunft, denn du, Gott, wirst mich nicht im Stich lassen!

Sabine Fischer

Mein persönliches Vertrauensnetz

Kreative Methode für Gruppen jeglicher Größe

✏️📋 für jede Teilnehmerin und jeden Teilnehmer ein Holzbrett, ca. 15 Nägel, ein Hammer, ein kleines Knäuel Wolle, Stifte zum Beschriften des Brettes oder der Nägel, Papier oder Bastelmaterial für eine Figur

🕐 ca. 30 Minuten

👥 Gruppengröße beliebig, Alter ab ca. 10 Jahre

Alle Teilnehmerinnen und Teilnehmer erhalten ein Holzbrett, Nägel, einen Hammer und Wolle. Aufgabe ist, sich Gedanken zu machen, wem man vertraut, wer eine Vertrauensperson für mich ist. Für jede dieser Personen wird ein Nagel eingeschlagen in das Brett. Die Nägel kann man beschriften, wenn man mag. Wenn alle Nägel eingeschlagen sind, spannt man kreuz und quer die Wolle über das Brett. Nun basteln alle für sich eine kleine Figur, die für die eigene Person steht, oder schneidet sie aus Papier aus. Diese wird in die Mitte des Vertrauensnetzes geklebt – so ist bildlich geworden, auf welches Netz ich mich verlassen und in welches Netz ich fallen kann.

Der Wunsch Gottes

Eine Legende erzählt, dass die Engel im Himmel täglich waschkör-beweise die Bitten der Menschen sammeln, sortieren und zu Gott bringen, der sich sorgfältig mit jeder einzelnen Bitte beschäftigt. Eines Tages begannen die Engel darüber zu diskutieren, ob denn dieser ganze Aufwand nötig sei und sich Gott wirklich mit jeder Bitte auseinandersetzen müsse. Zufällig hörte Gott davon. Er kam zu den Engeln und meinte: »Meine lieben Engel, im Grunde habt ihr ja Recht, aber wir müssen mit unseren Menschen viel Geduld haben. Nur manches Mal, wenn ich so die vielen Bitten lese, wünsche ich mir, dass auch ich eine Bitte an die Menschen richten könnte. Ich hätte nur eine einzige Bitte, nämlich, dass mir die Menschen vertrauen.« Seit dieser Zeit versuchen die Engel den Menschen so gut und so oft wie möglich diesen Wunsch Gottes zu vermitteln: »Gott bittet dich um dein Vertrauen!«

Herbert Winklehner OSFS

Du hast Vertrauen,
kannst dich fallen lassen,
hast jemanden, der zu dir hält,
fühlst dich geborgen,
bist gesegnet.

Du schenkst Vertrauen,
fängst andere auf,
hältst zu jemandem,
gibst Geborgenheit,
wirst zum Segen.

Gott vertraut dir – und du auf ihn,
er fängt dich auf,
er hält zu dir,
er schenkt dir Geborgenheit,
er segnet dich.

Renate Obert

Durch Höhen und Tiefen

Durch Hö-hen und Tie-fen hast Du mich ge-tra-gen, Du

hast mich be-glei-tet an al-len Ta-gen.

Im-mer kann ich auf Dich ver-trau - en, und

vol-ler Hoff-nung nach vorne schau-en.

1. Manchmal stand ich schon auf stei-len Klip - pen,
2. Oft-mals fühl-te ich schon Dei-ne Lie - be

1. ich war al - lein und vol-ler Angst, doch wie ein
2. ganz tief in mir drin,__ es gibt so

1. Leucht-turm führ-te mich__ Dein Licht zu-
2. viel-les, das mich glück-lich macht,

1. rück auf den si-che-ren Weg.____
2. da-für__ dank' ich__ Dir!____

Text / Musik: Franziska Bauer, Magdalena Bieberstein, Andreas Endres,
Lisa-Marie Gärtner, Winnie Schweitzer, Johannes Seith, Carina Steigerwald

Liedvorschläge zum Thema ➡

41

Liedvorschläge zum Thema Vertrauen

Schritte wagen (*Troubadour* **733**)
Wo ein Mensch Vertrauen gibt (*Troubadour* **705**)
Ein Licht in dir geborgen (*IHM & uns* **212**)

Lass die Sonne rein **(Die Fantastischen Vier)**
Spuren im Sand **(Glashaus)**
Du bist nicht allein **(Zeichen der Zeit)**

vertrauen: singbar

was mir wertvoll ist

glaube

Als Glaube bezeichnet man eine Grundhaltung des Vertrauens und der vorbehaltlosen Bejahung gegenüber (in religiösem Kontext meist: transzendenten) Wesen, Werten und/oder Zielen (glauben an). Dies schließt normalerweise die Bejahung bestimmter religiöser oder auch ideologischer Aussagen (glauben, dass) ein, erschöpft sich aber nicht darin. In den Offenbarungsreligionen wird Glaube oft mit Religion gleichgesetzt. Genauer bezeichnet es die innere Haltung eines religiösen Menschen. Für den Gläubigen ist sein Glaube oft Teil seiner Identität, er definiert sich zum Beispiel als Christ, Jude, Muslim, Hindu oder Buddhist.

vgl. Wikipedia 2008

»Was, du glaubst noch?« ist so ein Spruch, den man heute häufig unter Jugendlichen hören kann. »Glaube« scheint »out« zu sein. Irgendwie ist es altmodisch, gläubig zu sein. Doch andererseits glauben viele Menschen an irgendetwas oder irgendjemanden (siehe auch die Rubrik »lesenswert« in diesem Kapitel). So ganz ohne Glaube geht es anscheinend auch nicht. Häufig wird der Glaube der Vernunft oder dem wissenschaftlichen Denken entgegen gesetzt. »Glauben heißt nicht wissen!« ist so eine übliche Floskel. Doch diese Gegenüberstellung von Glauben und Wissen ist nicht ganz richtig. Die Naturwissenschaft z. B. versucht mit Hilfe unserer Sinne die Wirklichkeit zu erfassen. Sie beschäftigt sich mit dem, was man wägen, zählen, messen kann. Mit Glauben ist aber nicht das Gegenteil davon gemeint, also etwas, das weniger wertvoll ist als das naturwissenschaftliche Wissen, sondern eine andere Weise, die Wirklichkeit zu sehen und zu verstehen. Dabei geht man allerdings davon aus, dass die Wirklichkeit mehr als die messbare Welt ist. Mit Glaube wird vielmehr eine Weise des Vertrauens bezeichnet. Diese Wortbedeutung hat Glaube sowohl im Griechischen (von *pisteuein* – vertrauen), als auch im Lateinischen (von *credere* – sein Herz auf etwas setzen oder schenken). Das wird zum Beispiel bei der Liebe deutlich. Die Liebe eines Menschen zu seinem Partner oder seinen Kindern kann man sehr wohl wahrnehmen und erkennen, aber man kann sie nicht auf die gleiche Weise messen wie den Verlauf einer chemischen Reaktion. Und doch wird keiner bestreiten, dass es eine, manchmal auch »unvernünftige«, Wirklichkeit der Liebe gibt (wer war nicht schon mal verliebt …?). Glaube ist also nicht »unvernünftig« in dem Sinne, dass wir dabei die Vernunft ausschalten müssen.

Meistens bezieht sich der Glaube auf einen Glauben an einen Gott. Einer Studie zufolge glauben sogar die meisten Jugendlichen in Deutschland an einen Gott. Diesen Gott stellen sie sich häufig als ferne Kraft vor. Diese hat wenig mit dem Gott zu tun, von dem wir in der Bibel lesen. An einen Gott zu glauben, der zum Beispiel in Jesus Christus Mensch geworden ist, damit tun sich aber auch Erwachsene immer schwerer. Um das zu können, müssen zwei Dinge zusammen kommen: die Zustimmung des Herzens und die Zustimmung des Verstandes. Das kann man nicht wie eine Fremdsprache lernen, sondern man muss es selbst erlebt und gefühlt haben. Häufig sind es andere Menschen, deren Glaube uns so beeindruckt und fasziniert, dass wir den Sprung ins kalte Wasser wagen. Es ist wie bei der Liebe. Durch die Liebe eines anderen (z.B. der Freundin/des Freundes) traue ich mich, auch zu lieben, mein Herz an ihn zu hängen, ihm zu vertrauen. Menschen, die so etwas (besonders als Kind) nie erfahren haben, werden sich schwer tun, zu glauben und zu vertrauen. Zum Zweiten gehört zum Glauben auch immer die Zustimmung zu Glaubensinhalten. Viele Glaubensinhalte sind in den letzten Jahrhunderten entstanden und weitergeschrieben worden, viele werden immer noch erforscht und für die heutige Zeit verändert (z. B. in der Theologie). Manche Strömungen und Konfessionen des Christentums sind beweglicher, andere beharren mehr auf das Bewährte. Aber grundsätzlich gehören zum christlichen Glauben sowohl ein Akt des Vertrauens und Glaubens als auch ein Akt der Zustimmung zu Glaubensinhalten.

Matthias Zöller

DER UNGLÄUBIGE THOMAS

Als Jesus kam, war Thomas, genannt der Zwilling, einer aus dem Kreis der Zwölf, nicht dabei gewesen. Die anderen Jünger erzählten ihm: »Wir haben den Herrn gesehen!« Thomas sagte zu ihnen: »Niemals werde ich das glauben! Da müsste ich erst die Spuren von den Nägeln an seinen Händen sehen und sie mit meinem Finger fühlen und meine Hand in seine Seitenwunde legen – sonst nicht!« Eine Woche später waren die Jünger wieder im Haus versammelt und Thomas war bei ihnen. Die Türen waren abgeschlossen. Jesus kam, trat in ihre Mitte und sagte: »Frieden sei mit euch!« Dann wandte er sich an Thomas und sagte: »Leg deinen Finger hierher und sieh dir meine Hände an! Streck deine Hand aus und lege sie in meine Seitenwunde! Hör auf zu zweifeln und glaube!« Da antwortete Thomas: »Mein Herr und mein Gott!« Jesus sagte zu ihm: »Du glaubst, weil du mich gesehen hast. Freuen dürfen sich alle, die mich nicht sehen und trotzdem glauben!«

Johannes-Evangelium, Kapitel 20, Verse 24-29

LEBEN IM NEUEN GLAUBEN

Gibt es da noch irgendeinen Grund, sich mit etwas zu rühmen? Nein, alles Rühmen ist ausgeschlossen! Durch welches Gesetz? Etwa durch das Gesetz der Werke, das vom Menschen Leistungen fordert? Nein, sondern durch das Gesetz des Glaubens, das den Menschen zum Vertrauen einlädt! Denn für mich steht fest: Allein aufgrund des Glaubens nimmt Gott Menschen an und lässt sie vor seinem Urteil als gerecht bestehen. Er fragt dabei nicht nach Leistungen, wie das Gesetz sie fordert.

Römer-Brief, Kapitel 3, Verse 27-28

FREUEN DÜRFEN SICH ALLE, DIE MICH NICHT SEHEN UND TROTZDEM GLAUBEN!

Weil Du für mich lebst

dein kreuz, jesus:

warum – frage

nach dem sinn von leid und tot

seit zweitausend Jahren

warum – frage

seit deinem

verzweifelten schrei

warum, mein gott

dein kreuz, jesus:

hoffnungs – zeichen

in jeder not dieser welt

für alle zeit

hoffnungs – zeichen

weil du

es mit mir trägst,

mein kreuz

dein kreuz, jesus:

mahnung – erinnerung

an meine härte und herzlosigkeit

an so manchem tag

mahnung – erinnerung

an dein

sterben

für mich

dein kreuz, jesus:

lebens – verheißung

unbegreiflich

nicht zu erfassen

mit meinem denken

lebens – verheißung

weil Du

für mich

lebst

Ursula Schäfer

Du schenkst mir

Herr,

in der heutigen Zeit, die von Schnelligkeit und Hektik bestimmt ist, vergesse ich oft, was eigentlich wichtig im Leben ist.

Was du mir schenkst ist oft schon so selbstverständlich, dass man es erst vermisst, wenn es nicht mehr da ist.

Du schenkst mir Freunde, die immer für mich da sind.

Du schenkst mir eine Familie, die mich unterstützt.

Du schenkst mir Freiheit, das zu tun, worauf ich Lust habe.

Du schenkst mir Erfolg, der mir Kraft gibt weiter zu machen.

Du schenkst mir ausreichend Wohlstand, dass ich nicht darüber nachdenken muss, wie ich wohl den morgigen Tag überstehen kann.

Du schenkst mir Gesundheit, dass ich nicht behindert daran bin, einfach nur zu leben und zu lachen.

Du bringst Licht in eine Zukunft, die manchmal dunkel erscheint.

Du schenkst mir einen Glauben, an dich und daran, dass jeder Pfad mit deiner Hilfe zu meistern ist, auch wenn der Lebensweg manchmal steinig und düster ist.

Danke Herr, dass du bei jedem Schritt an meiner Seite bist.

Christina Seybold

Glaube

Glaube, der unter die Haut geht.

Glaube, der sogar Berge versetzen kann.

Glaube, der einem über Verluste hilft.

Glaube, der die wahre und reine Liebe Gottes beinhaltet.

Glaube, der so tief geht, dass man alles um sich herum vergisst.

Glaube, der Liebe gleicht.

Glaube, der sich neu gewinnen lässt.

Glaube, der immer weiter wächst und nie endet.

Glaube, der einem Kraft schöpfen lässt.

Glaube, der Frieden will und keine Kriege und Opfer.

Glaube, der nicht passiv ist, sondern wirklich hilft.

Glaube, der mich voll und ganz erfüllt
    und mich Liebe aussenden lässt.

Glaube, der durch keinen Ozean der Welt,
    noch durch den höchsten Berg gehindert wird,
    seine positive Energie zu verströmen.

Glaube, der ein Lächeln auf die Gesichter der Menschen zaubert.

Glaube, der auch mit der Zeit geht und doch immer »in« bleibt.

Glaube, der seinen Platz bei den Menschen hat.

Glaube, der Hoffnung schafft und keine Vorurteile hat.

Glaube, der einfach nur unheimlich groß ist
    und eine noch größere Liebe in sich trägt.

Glaube, den ich glauben kann.

Glaube, der mich berührt und mich erweckt,
    der mich bei der Hand nimmt und führt.

Katharina Postler

Was glaubst du?

Ein Glaubens-Fragebogen

Kreuze jeweils den Buchstaben an, der dir am ehesten entspricht!

Welche Ausbildung würde dir am ehesten zusagen?

a etwas Handwerkliches wie KFZ-Mechanik oder Schreinerei

b Lehramt / Psychologie / Sonderpädagogik

c Sozialpädagoge oder Sozialpädagogin / Erzieherin oder Erzieher

d Betriebswirtschaft / Naturwissenschaften

Welche Aufgabe in der Jugendarbeit würdest du übernehmen?

a Materialwart / Ministrantendienst; auf mich kann man
sich verlassen!

b In der Pfarrjugendleitung; dann kann ich den Kurs bestimmen

c Eine Jugendgruppe leiten; wenn nötig auch eine Zweite!

d Kassenwart; ich kann mit Geld und Zahlen umgehen!

Welches Buch würdest du am liebsten lesen?

a »Jugendgottesdienste für alle Anlässe«

b »Armut – eine Herausforderung Gottes«

c »Der kleine Prinz«

d »Sakrileg – was verschweigt die Bibel?«

Welche Gebetsform sagt dir am ehesten zu?

a Tischgebete/Fest- oder Eventgottesdienste

b Gebete der Religionen/interreligiöse Feiern

c Taizélieder/Rorategottesdienste

d In der Natur sein ist mein Gebet/Bibellesen

Was würdest du beim Pfarrfest machen?

a Bratwurstgrill/Kuchentheke

b Eine-Welt-Stand

c Kinderbetreuung

d Nix, ich mag solche Feste nicht

Wie würdest du deine generelle Lebenseinstellung bezeichnen?

a Ich muss nicht immer im Mittelpunkt stehen!

b Frag nicht was dein Land für dich tun kann, sondern was du für dein Land tun kannst!

c Freunde und eine gute Gemeinschaft sind das Wichtigste im Leben!

d Vorsicht ist die Mutter der Porzellankiste!

Welche Person(en) findest du toll?

a Polizist oder Polizistin, Krankenschwester oder Krankenpfleger

b Friedens- und Umweltaktivistinnen oder -Aktivisten

c meine eigenen Eltern

d Forscherinnen und Forscher / Managerinnen und Manager / Sportlerinnen und Sportler

Welche Stelle des Vaterunser spricht dich am meisten an?

a Vater unser im Himmel, geheiligt werde dein Name,

b dein Reich komme, dein Wille geschehe, wie im Himmel so auf Erden. Unser tägliches Brot gib uns heute,

c und vergib uns unsere Schuld, wie auch wir vergeben unseren Schuldigern

d denn dein ist das Reich und die Kraft und die Herrlichkeit in Ewigkeit. Amen.

Zähle, wie häufig du die jeweiligen Buchstaben angekreuzt hast!

Häufigste Antwort **a Petrus-Typ**

Du bist zuverlässig, teamfähig und treu. Du bist für viele ein super Kumpel und ein guter Freund. Auf dich kann man sich verlassen. Du engagierst dich gerne in deiner Jugendgruppe oder in der Gemeinde, denn in einer Gemeinschaft oder Gruppe fühlst du dich wohl. Dabei ist es dir wichtig zu wissen, wo du hingehörst. Deine Zukunft planst du gut, damit du weißt, was auf dich zukommt.

Kirche und Gottesdienst sind dir wichtig und du hältst es auch für notwendig, religiös zu sein. Weihnachten, Ostern und andere besondere kirchliche und große Feste feierst du gerne, auch zum Beispiel einen Gottesdienst auf Zeltlager. In deinem Leben orientierst du dich an dem, was andere glauben und sagen.

Häufigste Antwort ⬛b Martha-Typ:

Du hast ein ausgeprägtes Gerechtigkeitsempfinden und ärgerst dich über Machtmissbrauch im Großen wie im Kleinen. Du engagierst dich stark in deiner Jugendgruppe, in der Kirche, Gemeinde oder Schule. Eigene und fremde Unvollkommenheit kannst du nur schwer ertragen. Du willst, dass es allen Menschen gut geht und bist von Jesus begeistert, der sich um die schwachen und kranken Menschen kümmert, der aber auch die Geldwechsler aus dem Tempel jagt. Du bist von seiner Botschaft von einem Reich Gottes fasziniert, in dem alle Menschen vor Gott gleich sind und in dem Gerechtigkeit herrscht. Die Kirche mit ihren männlichen Machtstrukturen findest du altmodisch. Du suchst Gott vor allem im Guten des Menschen und willst selbst entscheiden, was du glauben willst und kannst, dabei unterscheidest du zwischen dem Glauben und der Institution Kirche.

Häufigste Antwort ⬛c Magdalena-Typ:

Du bist ein Typ, dem Familie und Freunde wichtig sind. Du bist hilfsbereit und verständnisvoll, gefühlvoll und sensibel. Du kannst sehr gut spüren, wie es einem geht, oder was gerade in einer Gruppe abgeht. Du bist gerne mit anderen oder einer Gruppe zusammen und hast einen großen Bekannten- und Freundeskreis. Berührungen und Umarmungen findest du schön. Du hilfst gerne und engagierst dich, übernimmst aber nicht so gerne Verantwortung oder die Führungsrolle.

Der Glaube ist dir wichtig und du hast auch schon schöne religiöse Erfahrungen gemacht. Du suchst dir religiöse Impulse bewusst aus, vor allem in Gemeinschaften, die dir wichtig sind und die dir wertvoll geworden sind. Du singst gerne, vor allem in großen Gruppen. Weltjugendtage, Taizé oder Kirchentage mit schönen Gottesdiensten findest du toll. Du glaubst, dass die Kirche eine Zukunft hat und engagierst dich für soziale Zwecke.

Häufigste Antwort d Thomas-Typ:

Du bist ein rational denkender Mensch. Für dich müssen die Dinge logisch ersichtlich und einsehbar sein. Dir ist es wichtig, die Dinge möglichst objektiv zu sehen. Du bist Neuem gegenüber erstmal skeptisch und du musst jemanden schon sehr gut kennen, bevor du ihn an deinem Privatleben teilhaben lässt. Gerne bist du auch mal alleine. Dich ärgern Dummheit und Naivität. Du bist der Überzeugung, dass jeder seines Glückes Schmied sein kann, man muss nur die Chancen nutzen, die das Leben einem bietet.

Glaube ist für dich Privatsache und Kirche findest du altmodisch. Du suchst dir aus den Religionen das heraus, was du für dein Leben brauchen kannst. In diesem Sinne können Glaube und Religion eine Orientierungshilfe für dein Leben sein, aber du willst nicht, dass sich die Kirche in dein Leben einmischt.

Nach einer Idee von Simon Gahr und Matthias Zöller.

Der Test erhebt nicht den Anspruch wissenschaftlichen Anforderungen zu entsprechen, sondern will dich einladen, dich auf spielerische Art und Weise mit deinem Glauben auseinanderzusetzen.

Teilmengen

Teil der Deutschen, die sich als **religiös** bezeichnen: **39 %** Teil der Deutschen, die sich als **»eher nicht religiös«** bezeichnen: **24 %** Teil der Deutschen, die sich als **Atheisten** bezeichnen: **12 %** Teil der Deutschen, die ein **vierblättriges Kleeblatt** für ein gutes Zeichen halten: **62 %** Teil der Deutschen, die **die Zahl 13** für ein böses Vorzeichen halten: **23 %** Teil der Deutschen, die ein hohes Vertrauen in die **katholische Kirche** haben: **11 %** Teil der Deutschen, die ein hohes Vertrauen in die **evangelische Kirche** haben: **17 %** Teil der Deutschen, die finden, dass die **Kirchen eine größere Bedeutung** haben sollten: **13 %** Teil der Deutschen, für die am Sonntag der **Gottesdienstbesuch** am wichtigsten ist: **6 %** Teil der Deutschen, die an den **Teufel** glauben: **14 %** Teil der Deutschen, die daran glauben, dass **Mondphasen,** vor allem Vollmond, Einfluss auf das Verhalten von Menschen haben können: **92 %** Teil der Deutschen, die an **Geister** glauben: **14 %** Teil der Deutschen, die bei einer Umfrage **2003 an die Existenz Gottes** oder eines höheren Wesens glaubten: **61 %** Teil der Deutschen, die bei einer Umfrage **1967 an die Existenz Gottes** oder eines höheren Wesens glaubten: **90 %** Teil der Deutschen, die glauben, den größten Einfluss auf das Schicksal der Welt habe **Gott: 11 %** Teil der Deutschen, die glauben, den größten Einfluss auf das Schicksal der Welt habe der **Teufel: 1 %** Teil der Deutschen, die glauben, den größten Einfluss auf das Schicksal der Welt habe **eine Hand voll Banken und Konzerne: 22 % Wahrscheinlichkeit,** derzufolge Gott nach einer Berechnung des britischen Physikers Stephen Unwin existiert: **67 %**

Fluter, Ausgabe 12/2004

Geht mit Gott

Geht mit der Einsicht in Frieden zu leben,
geht mit der Absicht die Liebe zu geben.

Geht mit der Einsicht den Reichtum zu teilen,
geht mit der Absicht die Wunden zu heilen.

Geht mit der Einsicht die Welt muss sich wandeln,
geht mit der Absicht zu beten, zu handeln.

Geht mit der Aussicht den Himmel zu erden,
geht mit Gott!

Geht mit Gott auf allen Wegen,
geht mit Gott ihr seid ein Segen.

Hans-Jürgen Netz

Geht mit Gott

Strophe

1. Geht mit der Ein-sicht in Frie-den zu le-ben,
2. Geht mit der Ein-sicht den Reich-tum zu tei-len,
3. Geht mit der Ein-sicht die Welt muss sich wan-deln,

1. geht mit der Ab-sicht die Lie-be zu ge-ben,
2. geht mit der Ab-sicht die Wun-den zu hei-len,
3. geht mit der Ab-sicht zu be-ten, zu han-deln,

1.-3. geht mit der Aus-sicht den Him-mel zu er-den,

1.-3. geht mit Gott!

Refrain

Geht mit Gott auf al-len We-gen,

geht mit Gott, ihr seid ein Se-gen.

Geht mit Gott auf al-len We-gen,

geht mit Gott, ihr seid ein Se-gen.

© KONTAKTE Musikverlag, 59557 Lippstadt
Text: Hans-Jürgen Netz / Musik: Reinhard Horn
aus: Buch/CD »Kinder-Kirchen-Hits«

Liedvorschläge zum Thema ➡

Liedvorschläge zum Thema Glaube

Ohne Gott bin ich (*Troubadour* **909**)
Der mich atmen lässt (*IHM & uns* **200**)
Du bist da, wo Menschen leben (*Cantate* **328**)

Stück vom Himmel (**Herbert Grönemeyer**)
Vielleicht (**Söhne Mannheims**)
Woran glaubst du (**Beatbetrieb**)

glaube: singbar

was mir wertvoll ist

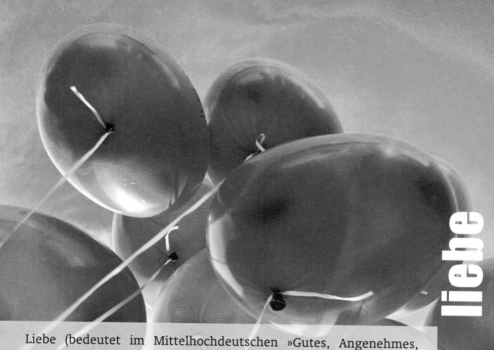

liebe

Liebe (bedeutet im Mittelhochdeutschen »Gutes, Angenehmes, Wertes«) ist im engeren Sinne die Bezeichnung für die stärkste Zuneigung, die ein Mensch für einen anderen Menschen zu empfinden fähig ist. Analog wird dieser Begriff auch auf das Verhältnis zu Tieren oder Sachen angewendet. Im weiteren Sinne bezeichnet Liebe eine ethische Grundhaltung (»Nächstenliebe«) oder die Liebe zu sich selbst (»Selbstliebe«).

Es wird beim Begriff Liebe nicht unterschieden, ob es sich um eine tiefe Zuneigung innerhalb eines Familienverbundes (»Elternliebe«) handelt, um eine enge Geistesverwandtschaft (»Freundesliebe«) oder ein körperliches Begehren (»geschlechtliche Liebe«).

vgl. Wikipedia 2008

Liebe ist wohl die stärkste und bewegendste Energie, die es zwischen uns Menschen gibt. Sie setzt die größten Emotionen in alle Richtungen frei. Sie ist zeit-, kultur- und religionsunabhängig; und dennoch begegnet sie uns in unterschiedlichen Ausprägungen und Ausrichtungen. Liebe ist das, was Menschen von ihrer Geburt bis zu ihrem Tod brauchen. Säugling und Greis, Mann und Frau, schwarz und weiß, arme und reiche Menschen – die Liebe macht keine Unterschiede. Es gab und gibt sehr verschiedene Unterscheidungsmodelle für die Liebe. Im antiken Griechenland wurde zwischen den vier platonischen Liebesformen Agape (göttliche, bedingungslose Liebe), Eros (Liebe als Lebenstrieb, sinnliche Anziehung in der Sexualität), Stoika (Liebe zu Hobbies) und Philia (gegenseitige Liebe, Freundschaftsliebe) unterschieden.

Christen können sich dem Geheimnis und den Ausdrucksformen der Liebe im Symbol des Kreuzes nähern. Die Bewegung nach oben betont die Liebe zu meinem Schöpfer, zu dem, dem ich mein Leben verdanke, also zu Gott. Die Bewegung nach unten verdeutlicht die Liebe zu mir selbst. Sie ist die Voraussetzung, dass ich auch liebesfähig gegenüber Anderen bin. Die horizontale Ausrichtung nimmt Mensch, Tier und Natur als meine Um- und Mitwelt in den Blick. »Liebe deinen Nächsten« meint also damit nicht nur den Mitmenschen, mit dem ich zu tun habe, sondern die ganze Schöpfung und die Zuwendung zu ihr. Liebe umfasst nach christlichem Verständnis also Gott, mich selbst, meine Mitmenschen und alles, was mich umgibt. Allerdings gibt es auch Fehlformen der Liebe. Dies deutet sich vor allem dort an, wo es mir nicht mehr um das Wohl des zu Liebenden, sondern nur noch um die Befriedigung meiner eigenen Bedürfnisse geht. Sobald meine Liebe das Gegenüber ernst nimmt und ihm als Subjekt begegnet, wird Lieben gelingen. Der heilige Augustinus fasst dies mit dem schönen Satz zusammen: »Liebe, und dann tue, was du willst.« Wer also richtig verstanden und aufrichtig liebt, der kann eigentlich nichts falsch machen, egal wie er es angeht.

Johannes Reuter

NICHTS GEHT ÜBER DIE LIEBE *Das »Hohelied der Liebe«*

Die Liebe ist geduldig und gütig. Die Liebe eifert nicht für den eigenen Standpunkt, sie prahlt nicht und spielt sich nicht auf. Die Liebe nimmt sich keine Freiheiten heraus, sie sucht nicht den eigenen Vorteil. Sie lässt sich nicht zum Zorn reizen und trägt das Böse nicht nach. Sie ist nicht schadenfroh, wenn anderen Unrecht geschieht, sondern freut sich mit, wenn jemand das Rechte tut. Die Liebe gibt nie jemand auf, in jeder Lage vertraut und hofft sie für andere; alles erträgt sie mit großer Geduld.

1. Korinther-Brief, Kapitel 13, Verse 4–7

DAS WICHTIGSTE GEBOT

Jesus sagte: »Das wichtigste Gebot ist dieses: Höre, Israel! Der Herr ist unser Gott, der Herr und sonst keiner. Darum liebt ihn von ganzem Herzen und mit ganzem Willen, mit ganzem Verstand und mit aller Kraft. Das zweite ist: Liebe deinen Mitmenschen wie dich selbst! Es gibt kein Gebot, das wichtiger ist als diese beiden.«

Markus-Evangelium, Kapitel 12, Verse 29–31

LIEBESZAUBER

Verzaubert hast du mich, Geliebte, meine Braut! Ein Blick aus deinen Augen und ich war gebannt. Sag, birgt er einen Zauber, an deinem Hals der Schmuck? Wie glücklich du mich machst mit deiner Zärtlichkeit!

Mein Mädchen, meine Braut, ich bin von deiner Liebe berauschter als von Wein. Du duftest süßer noch als jeder Salbenduft. Wie Honig ist dein Mund, mein Schatz, wenn du mich küsst, und unter deiner Zunge ist süße Honigmilch.

Hoheslied, Kapitel 4, Verse 9-11a

**WIE GLÜCKLICH
DU MICH MACHST
MIT DEINER ZÄRTLICHKEIT!**

Eine Liebeserklärung

Du bist schön.

Du bist überraschend.

Du bist wunderbar, herrlich und toll.

Es gibt viele kleine Momente, bei denen ich einfach lächeln muss.

Es gibt seltsame Augenblicke, bei denen mir bewusst wird, wie sehr ich dich brauche und liebe. Ich kann es mir nicht leisten, dich zu verlieren.

Wenn ich meine Augen einmal richtig öffne, sehe ich, wie schön die Welt um mich herum ist.

Wenn meine Ohren einmal richtig zuhören, höre ich, dass du überall bist.

Wenn ich einmal richtig atme, spüre ich dich und was du wirklich wert bist.

Wenn ich meine Augen schließe, in mich hineinhöre und langsam atme, spüre ich, wie du in mir drin bist.

Ich bin voll von dir, angefüllt mit dir.

Natürlich ist es auch manchmal anstrengend, stressig oder einfach nur scheiße, dann habe ich keine Lust mehr auf dich.

Aber im Großen und Ganzen gibt es immer etwas, das mich aufheitert, mich freut und glücklich macht. Auch wenn es vielleicht nur kleine Dinge sind.

Darum möchte ich dir hiermit sagen, wie sehr ich dich liebe.

Denn du bist mein Leben.

Und ich liebe meine Eltern dafür, dass sie es mir geschenkt haben.

Eine Liebeserklärung an das Leben

Ina Mantel

Eine Suche

Eine Suche,

    die endet, wo sie begann.

Eine Reise,

    die ihr Ziel in ihrem Ursprung findet.

Eine Sehnsucht,

    die weder sehnt, noch sucht.

Ein Ziel,

    das ungesucht gefunden war.

Eine Liebe,

    die es gab – vor dir, vor mir.

Anna Weigand

Die Beschreibung der Liebe

Liebe was ist das?
Ist sie das Lied,
das mich singen lässt?
Ist sie das Wort,
das ich nie vergess?
Ja das ist sie,
und noch vieles mehr!

Liebe ist all das,
was mich an dich erinnert!
Liebe ist es,
wenn es aus dem Herzen schimmert!
Denn die Liebe ist es,
die uns zusammen hält!
Auch wenn es anderen nicht gefällt!

Wir werden unseren Weg weiter gehen!
Und auch wenn du mich tragen musst,
lässt du mich niemals stehen!
Denn du bist der Grunde
warum ich lebe!
Und nach deiner Liebe strebe!

Schülerin, 17 Jahre

»Ich liebe mich, weil ...«

Liebesbrief an sich selbst schreiben

✏️ Briefpapier, Umschläge, Briefmarken

🕐 45 – 60 Minuten

👥 beliebig

Die Teilnehmenden schreiben einen Liebesbrief, den sie an sich selbst richten. Diese Briefe werden anschließend verschlossen und mit der eigenen Adresse versehen.

Nach einer vereinbarten Zeit (zwischen vier Wochen und einem Jahr) werden sie von der Leitung der Veranstaltung oder einer anderen festgelegten Person den Teilnehmenden zugeschickt.

Zeig' deine Liebe

Eine besondere Form der Zuneigung

✎🔋 je nach Ausdrucksweise verschieden:
   Süßigkeiten, Handy, ...

🕐 Ausreichend Zeit für die Vorbereitung ist sehr wichtig.
   Die Dauer der Durchführung richtet sich nach dem vereinbarten Zeitraum.

👥 beliebig

Jeden Tag wird in einem bestimmten Zeitraum (z. B. an einem
Wochenende, während einer Freizeit, eines Zeltlagers, während
der Adventszeit, ...) einem anderen Menschen:

▸ gezeigt, dass ich ihn mag
▸ gesagt, was ich gut an ihm finde
▸ deutlich gemacht, warum es schön ist, dass es ihn gibt.

Das kann zum Ausdruck gebracht werden durch:

▸ eine SMS
▸ etwas Süßes
▸ ein nettes Wort
▸ ein Lächeln
▸ Gruscheln im SchülerVZ oder im StudiVZ
▸ ein Handyfilmchen
▸ ...

Sinnvoll ist es, wenn sich eine größere Gruppe (mindestens sechs
Personen, nach oben unbegrenzt) auf diese Form der Zuneigung
einlässt.

Fragen und Antworten

Wo sie wohnt?
Im Haus neben der Verzweiflung.

Mit wem sie verwandt ist?
Mit dem Tod und der Angst.

Wohin sie gehen wird wenn sie geht?
Niemand weiß das.

Von wo sie gekommen ist?
Von ganz nahe oder ganz weit.

Wie lange sie bleiben wird?
Wenn du Glück hast solange du lebst.

Was sie von dir verlangt?
Nichts oder alles.

Was soll das heißen?
Dass das ein und dasselbe ist.

Was gibt sie dir – oder auch mir – dafür?
Genau soviel wie sie nimmt.
Sie behält nichts zurück.   ➡

Hält sie dich – oder mich – gefangen?
Oder gibt sie uns frei?
Es kann uns geschehen,
dass sie uns die Freiheit schenkt.

Frei sein von ihr
ist das gut oder schlecht?
Es ist das Ärgste
was uns zustoßen kann.

Was ist sie eigentlich
und wie kann man sie definieren?
Es heißt, dass Gott gesagt hat
dass er sie ist.

Erich Fried

Das Lied der Liebe

Das Lied der Liebe
kennt viele Melodien …

Nicht nur ein Weg führt zum Ziel,
auch wenn wir uns verlaufen können …

Die Welt ist nicht nur schwarz und weiß,
auch wenn wir nachts nicht mehr unterscheiden können …

Richtig und Falsch liegen manchmal dicht beieinander,
nur unterscheidbar im Auge des Betrachters …

Liebe ist nicht nur Freundschaft, Partnerschaft, Sex,
richtig oder falsch, groß oder klein, selbstlos oder egoistisch …

Liebe ist, wenn wir einen Weg zum Ziel suchen,
wenn wir versuchen, eine froh machende Melodie zu spielen …

Und wenn wir die Sehnsucht nach Menschlichkeit in uns tragen!

Felix Behl

Gott ist die Liebe

Gott ist der „Ich bin für dich da!". Ich bin bei dir, bring dir den
Him - mel nah, ich bin für dich da. Gott ist die
Lie - be, die be - freit zum
Le - ben, je - den Tag und al - le
Zeit! Gott ist die Lie - be, die be -
freit zum Le - ben je - den Tag und al - le Zeit!

Text: Hans-Jürgen Netz / Musik: Reinhard Horn

Liedvorschläge zum Thema Liebe

Wo Menschen sich vergessen (*Troubadour* **790**)

Keinen Tag soll es geben (*IHM & uns* **245**)

Liebe ist nicht nur ein Wort (*Troubadour* **2**)

Liebe ist (Nena)

Das Beste (Silbermond)

Liebe liegt nicht (Herbert Grönemeyer)

was mir wertvoll ist

frieden

Frieden ist allgemein definiert als ein heilsamer Zustand der Stille oder Ruhe, als die Abwesenheit von Störung oder Beunruhigung. Frieden ist der Zustand zwischen Menschen, sozialen Gruppen oder Staaten, in dem bestehende Konflikte in rechtlich festgelegten Normen ohne Gewalt ausgetragen werden, ein Zustand in der Beziehung zwischen Völkern und Staaten, der den Krieg zur Durchsetzung von Politik ausschließt. Spezifischer kann damit die Abwesenheit von Gewalt oder Krieg gemeint sein.

vgl. Wikipedia 2008

Frieden wird vordergründig als das Gegenteil von Krieg verstanden. Er ist für viele schon dann erreicht, wenn die Waffen schweigen. Dennoch kann eine solche Definition bestenfalls eine Annäherung an das bieten, was Frieden eigentlich meint. Die meisten Religionen betonen in ihren Lehren, dass es ihnen um den Frieden und dessen Verbreitung unter den Menschen geht. Religionsstifter (wie Jesus und Buddha) werden häufig auch als Friedensbringer verkündet. Manche Personen der Zeitgeschichte werden sehr mit dem Wort Frieden in Verbindung gebracht (wie Kaiser Augustus und Mahatma Gandhi).

Aber was meint eigentlich Frieden und wie kann er erreicht werden? Frieden bedeutet ein gutes Zusammensein von verschiedenen Menschen, Gruppen und Völkern. Überall dort, wo Frieden herrscht, ist es gelungen, neben meiner eigenen Meinung auch noch andere Gedanken und Ansätze gelten und stehen zu lassen und anderen zuzugestehen, dass sie genauso die Wahrheit für sich gefunden haben wie ich für mich selbst. Frieden kann überall dort wachsen, wo ich neben meiner eigenen Wahrheit noch andere Wahrheiten akzeptieren kann. Frieden gelingt mir als einzelnem, wenn ich anderen das Lebens- und Selbstentfaltungsrecht einräume und akzeptiere, dass jeder für sich auf der Suche ist. Wenn sich dies auch auf größere Kreise und ganze Nationen auswirkt, sind erste Schritte zu einem dauerhaften Frieden gelegt.

Wenn wir uns der Bedeutung des hebräischen Wortes »Shalom« annähern, entdecken wir vielleicht die schönste und vollendetste Form des Friedensgedankens. Shalom meint das allumfassende Wohlergehen des Menschen in allen Lebensbereichen. Wenn wir jemandem Shalom wünschen, meinen wir damit Frieden im Sinne von Wohlergehen, Glück, Zufriedenheit, Heil. Kann etwas schöner ausgedrückt werden? Beim Shalom ist der ganze Mensch mit all seinen Lebensmöglichkeiten gemeint. Shalom nähert sich wohl am ehesten dem an, was Gott den Menschen mit seinem Frieden verheißen will. Es ist deshalb mehr als ein schlichtes Zeichen, wenn sich Muslime mit dem Gruß »Salem aleikum« oder wir Christen mit der Zusage »Friede sei mit euch« begrüßen. Frieden will das Lebensglück eines jeden Menschen zu allen Zeiten zum Ausdruck bringen. Da ist der bloße Verzicht auf Waffen und andere Formen der Gewalt nur ein erster Schritt, damit dieser Friede Wirklichkeit werden kann.

Johannes Reuter

DER FRIEDENSKÖNIG UND SEIN REICH

Ein Spross wächst aus dem Baumstumpf Isai, ein neuer Trieb schießt hervor aus seinen Wurzeln. Ihn wird der Herr mit seinem Geist erfüllen, dem Geist, der Weisheit und Einsicht gibt, der sich zeigt in kluger Planung und in Stärke, in Erkenntnis und Ehrfurcht vor dem Herrn. Gott zu gehorchen ist ihm eine Freude. Er urteilt nicht nach dem Augenschein und verlässt sich nicht aufs Hörensagen. Den Entrechteten verhilft er zum Recht, für die Armen im Land setzt er sich ein. Seine Befehle halten das Land in Zucht, sein Urteilsspruch tötet die Schuldigen. Gerechtigkeit und Treue umgeben ihn wie der Gürtel, der seine Hüften umschließt. Dann wird der Wolf beim Lamm zu Gast sein, der Panther neben dem Ziegenböckchen liegen; gemeinsam wachsen Kalb und Löwenjunges auf, ein kleiner Junge kann sie hüten. Die Kuh wird neben dem Bären weiden und ihre Jungen werden beieinander liegen; der Löwe frisst dann Häcksel wie das Rind. Der Säugling spielt beim Schlupfloch der Schlange, das Kleinkind steckt die Hand in die Höhle der Otter. Niemand wird Böses tun und Unheil stiften auf dem Zion, Gottes heiligem Berg. So wie das Meer voll Wasser ist, wird das Land erfüllt sein von Erkenntnis des Herrn. Wenn jene Zeit gekommen ist, dann wird der Spross aus der Wurzel Isais als Zeichen dastehen, sichtbar für die Völker; dann kommen sie und suchen bei ihm Rat. Von dem Ort, den er zum Wohnsitz nimmt, strahlt Gottes Herrlichkeit hinaus in alle Welt.

Jesaja, Kapitel 11, Verse 1-10

JESUS ZEIGT SICH SEINEN JÜNGERN

Es war Abend geworden an jenem Sonntag. Die Jünger waren beisammen und hatten aus Angst vor den führenden Juden die Türen abgeschlossen. Da kam Jesus, trat in ihre Mitte und sagte: »Frieden sei mit euch!« Dann zeigte er ihnen seine Hände und seine Seite. Als die Jünger den Herrn sahen, kam große Freude über sie. Noch einmal sagte Jesus zu ihnen: »Frieden sei mit euch! Wie der Vater mich gesandt hat, so sende ich nun euch.«

Johannes-Evangelium, Kapitel 20, Verse 19-21

ERMAHNUNG ZU EINTRACHT, FREUDE UND STREBEN NACH DEM GUTEN. FRIEDENSWUNSCH

Der Herr kommt bald! Macht euch keine Sorgen, sondern wendet euch in jeder Lage an Gott und bringt eure Bitten vor ihn. Tut es mit Dank für das, was er euch geschenkt hat. Dann wird der Frieden Gottes, der alles menschliche Begreifen weit übersteigt, euer Denken und Wollen im Guten bewahren, geborgen in der Gemeinschaft mit Jesus Christus. Im Übrigen, meine Brüder und Schwestern: Richtet eure Gedanken auf das, was schon bei euren Mitmenschen als rechtschaffen, ehrbar und gerecht gilt, was rein, liebenswert und ansprechend ist, auf alles, was Tugend heißt und Lob verdient. Lebt so, wie ich es euch gelehrt und euch als verbindliche Weisung weitergegeben habe und wie ihr es von mir gehört und an mir gesehen habt. Gott, der Frieden schenkt, wird euch beistehen!

Philipper-Brief, Kapitel 4, Verse 4-9

Frieden

Andere Menschen tolerieren,
nicht auf die, die anders sind, stieren,
andere Religionen und Rassen anerkennen,
Probleme beim Namen nennen.
Offen und ehrlich zu seiner Meinung stehen,
damit Schwächere mutig werden und sehen,
dass es sich lohnt, für Andere einzutreten,
anstatt Gott um Erbarmen anzubeten.

Denn nur wer nicht schweigt und selbst was tut,
nur wer versucht zu helfen, hat Mut,
nur wer nicht mit Hass zurückschlägt,
sondern Zeichen der Liebe unter die Aggression trägt,
schürt nicht weiter die Glut,
die angeheizt wird durch die Wut,
die Menschen an ihre Körper bindet,
an einen Menschen, der sich nicht überwindet,
zu einem freundlichen Wort, einem Lachen,
Menschen, die schlimme Sachen machen
und sich selbst nicht zu befreien wissen,
Menschen, die ganz einfach den Frieden vermissen.

Denn Frieden gilt es zu bewahren,
er ist mehr wert als alles Gold in Barren,
vom Frieden kann man sich zwar nichts kaufen,
doch im Frieden müssen Menschen nicht weglaufen,
müssen Menschen nicht ihre Häuser und Heimat verlassen,
müssen Menschen nicht andere Menschen hassen.

Im Frieden muss man keine Angst um sein Leben haben,
im Frieden darf man, was man will, sagen,
darf man, was man will, schreiben,
darf man, wo man will, bleiben,
darf man, wen man will, lieben,
denn die Freiheit ist ein Teil vom Frieden.

Im Frieden dürfen Kinder als Kinder leben,
im Frieden wird's keinen Bombenalarm geben,
im Frieden darf jeder essen, soviel er mag,
im Frieden gibt's keine Gewalt, keinen Schlag,
im Frieden dürfen Nachbarn Nachbarn sein
und keine Verräter, keine Mörder, nein!

Im Frieden müssen Männer nicht ihr Leben riskieren,
müssen Männer nicht unschuldig in Russland erfrieren,
müssen Männer nicht für mehr Macht kämpfen,
müssen Frauen nicht die Schreie ihrer Kinder dämpfen,
im Frieden müssen Frauen nicht um ihre Männer bangen,
im Frieden muss man keine Feinde fangen.

Im Frieden gibt es nicht solche Sorgen,
wie: Steht mein Haus auch noch morgen?
Im Frieden dürfen Menschen Menschen sein,
ohne Einschränkung, ohne Pein.

➜

Der Friede ist das höchste Gut auf Erden,
drum sollte jeder beginnen, ein friedlicher Mensch zu werden.
Es gilt nun den Frieden zu schützen und ihn zu halten,
damit Menschen nicht über andere Menschen walten,
sich nicht zu Richtern über Leben und Tod bestimmen
und den Thron der Tyrannei erklimmen.
Drum sollte man alles dafür geben,
denn Frieden haben bedeutet Leben.

Kristin Paulics

Frieden kann wachsen, wenn ...

Eine eigene Friedenslitanei formulieren

✎🔖 Papier, Stifte

🕐 30 Minuten

👥 1 – 20

Einzelpersonen, Kleingruppen oder auch größere Gruppen sammeln Ideen, Gedanken, Aspekte für den Frieden und bringen sie in eine feste, wiederkehrende Form. (z. B. Frieden kann wachsen, wenn ...; ... dann wird Friede Wirklichkeit!)
So kann eine eigens formulierte Friedenslitanei entstehen.
Diese kann in Gottesdiensten eingesetzt, bei passender Gelegenheit veröffentlicht werden oder die Gruppe über einen längeren Zeitraum begleiten.

Ein Friedensmobile entsteht

Symbole für Frieden basteln

✏🔲 Faden, Stöckchen, Papier und Farben (alternativ können die Symbole auch mit Knetgummi, Stoffresten, Salzteig oder anderen Materialien angefertigt werden)

🕐 90 – 150 Minuten (je nach Intensität)

👥 4 – 12

Die Gruppe wählt Symbole und Zeichen aus, die für sie für Frieden stehen. Diese Symbole werden nun mit den vorbereiteten Materialien gebastelt.

Danach wird versucht, aus diesen Symbolen ein Mobile entstehen zu lassen.

Damit kann deutlich werden:

▸ Frieden hat vielfältige Gesichter.

▸ Frieden hält immer in Bewegung.

▸ Beim Frieden kommt es auf das Gleichgewicht an.

Eine Geschichte über den Frieden

Jetzt werde ich eine kleine Geschichte erzählen.

Ich hörte sie selbst vor langer Zeit,

eine alte Dame erzählte sie mir,

und ich habe sie niemals vergessen.

Sie ging so – wenn ich mich recht erinnere:

»Ich war jung zu jener Zeit, als fast alle Kinder oft geschlagen wurden. Man hielt es für nötig, sie zu schlagen, denn sie sollten artig und gehorsam werden. Alle Mütter und Väter sollten ihre Kinder schlagen, sobald sie etwas getan hatten, von dem Mütter und Väter meinten, dass Kinder es nicht tun sollten. Mein kleiner Junge, Johan, war ein artiger und fröhlicher kleiner Kerl, und ich wollte ihn nicht schlagen. Aber eines Tages kam die Nachbarin zu mir herein und sagte, Johan sei in ihrem Erdbeerbeet gewesen und habe Erdbeeren geklaut, und bekäme er jetzt nicht seine Schläge, würde er wohl ein Dieb bleiben, sein Leben lang.

Mit Müttern ist es nun einmal so, dass ihnen angst und bange wird, wenn jemand kommt und sich über ihre Kinder beschwert. Und ich dachte: Vielleicht hat sie recht, jetzt muss ich Johan wohl eine Tracht Prügel verpassen.

Johan saß da und spielte mit seinen Bausteinen – er war ja damals erst fünf Jahre alt – als ich kam und sagte, dass er nun Prügel bekäme und dass er selbst hinausgehen solle, um eine Rute abzuschneiden. Johan weinte, als er ging. Ich saß in der Küche und wartete.

➡

Es dauerte lange, bis er kam, und weinen tat er noch immer, als er zur Tür hereinschlich. Aber Rute hatte er keine bei sich. ›Mama‹, sagte er schluchzend, ›ich konnte keine Rute finden, aber hier hast du einen Stein, den du auf mich werfen kannst!‹ Er reichte mir einen Stein, den größten, der in seiner kleinen Hand Platz fand.

Da begann auch ich zu weinen, denn ich verstand auf einmal, was er sich gedacht hatte: Meine Mama will mir also weh tun, und das kann sie noch besser mit einem Stein. Ich schämte mich. Und ich nahm ihn in die Arme, wir weinten beide soviel wir konnten, und ich dachte bei mir, dass ich niemals, niemals mein Kind schlagen würde.
Und damit ich es ja nicht vergessen würde, nahm ich den Stein und legte ihn in ein Küchenregal, wo ich ihn jeden Tag sehen konnte, und da lag er so lange, bis Johan groß war.

Dieb wurde keiner aus ihm. Das hätte ich gerne meiner Nachbarin erzählen mögen, aber sie war schon lange fortgezogen.«

Ja, so sprach die alte Dame, die mir dies alles erzählte, als ich noch sehr jung war. Und ich weiß noch, dass ich mir dachte: Ich werde meine Kinder auch nicht schlagen, sollte ich welche bekommen. Ich bekam zwei Kinder und ich schlug sie niemals. Trotzdem wurden gute Menschen aus ihnen. Und auch sie schlagen ihre Kinder nicht.
Warum erzähle ich das alles? Es sollte ja vom Frieden die Rede sein. Ich glaube, das tut es auch. In gewisser Weise. Immer noch gibt es viele Mütter und Väter auf der Welt, die ihre Kinder schlagen und glauben, das sei gut.

Sie meinen, Kinder würden artig und gehorsam durch die Schläge. Aber statt dessen werden sie zu solchen Menschen, die gerne selber andere schlagen und weitermachen damit, wenn sie groß sind. Denn wie sollte einer, der sich als Kind an die Gewalt gewöhnt hat, zu einem friedlichen Menschen heranwachsen?

Und wie soll es Frieden geben in der Welt, wenn es keine friedfertigen Menschen gibt? Zu Hause, in den Wohnungen, da muss der Friede beginnen. Ich glaube, es wäre gut, wenn ein Stein in den Küchenregalen läge, fast überall auf der Welt, als Erinnerung: Schluss mit der Gewalt!

Ich kenne eine Menge Staatsmänner und Politiker, die einen solchen Stein auf dem Küchenregal haben sollten.
Aber dann würden sie vielleicht bloß die Steine nehmen und hinausgehen und einander die Schädel damit einschlagen.
Denn glaubt man an Gewalt, dann handelt man auch so!

Astrid Lindgren

Wunsch nach Frieden

Den tiefen Frieden im Rauschen der Wellen
wünsche ich dir.

Den tiefen Frieden im schmeichelnden Wind
wünsche ich dir.

Den tiefen Frieden über dem stillen Land
wünsche ich dir.

Den tiefen Frieden unter den leuchtenden Sternen
wünsche ich dir.

Den tiefen Frieden vom Sohn des Friedens
wünsche ich dir.

Aus Irland

Kreuzeszeichen

Vom Him - mel sind wir ge - seg - net, zu den
Men - schen sind wir ge - sandt. Un -
end - li - che Lie - be kreuzt uns - re We - ge, ein
Hauch von Frie - den liegt auf je - dem Land.

© KONTAKTE Musikverlag, 59557 Lippstadt
Text: Hans-Jürgen Netz / Musik: Reinhard Horn
aus: Buch/CD „Kinder-Kirchen-Hits"

Liedvorschläge zum Thema Frieden

Wie ein Fest (*Troubadour* **87**)

Und ein neuer Morgen (*IHM & uns* **166**)

Komm näher Friede (*IHM & uns* **251**)

99 Luftballons (Nena)

Das will ich sehen (Sabrina Setlur)

Sturm kommt auf (Ben)

was mir wertvoll ist

ehrlichkeit

Ehrlichkeit im Reden bedeutet: die Wahrheit sagen. Ehrlichkeit im Verhalten meint, einen übernommenen Auftrag, ohne den eigenen Vorteil wahrzunehmen, im Sinne des Auftraggebers sachlich zu Ende führen. Das Fundament der Ehrlichkeit ist der Begriff der Ehre.

Ehrlichkeit ist eines der bedeutsamsten Dinge, die Menschen im Umgang miteinander leben müssen, um dauerhaft harmonisch existieren zu können.

vgl. Wikipedia 2008

»Der Ehrliche ist immer der Dumme«. Dieser Spruch ist bekannt. Er gibt einen Eindruck wieder, den man bekommen kann, wenn man wieder einmal ehrlich war und mit seiner Meinung angeeckt ist. Oder wenn die anderen mich für blöd halten, weil ich an der Kasse das zuviel erhaltene Wechselgeld wieder zurückgebe.

Ehrlichkeit wird in der Theorie von fast allen Menschen als wichtig angesehen und belegt in Umfragen regelmäßig die ersten Plätze, wenn es um die wichtigsten Werte geht. Bei der Aktion »Fair ist mehr« der Würzburger Lokalzeitung *Main-Post* werden unter anderem Situationen lobend hervorgehoben, in denen ein Fußballer auf Nachfrage zugibt, dass der Ball des Gegners schon im Tor war. Der Schiedsrichter kann dank der Ehrlichkeit des Spielers eine gerechte Entscheidung treffen. Aber warum braucht es erst die Nachfrage, damit die Ehrlichkeit siegt? Weil ich dann eigentlich doch wieder »der Dumme« bin? Oft genug zeigen im Fußball die großen Vorbilder, dass man es mit der Ehrlichkeit nicht so genau nehmen muss, wenn es um den Vorteil und den Erfolg der eigenen Mannschaft geht.

In China sind Lügen aus Höflichkeit, um unnötige Konflikte zu vermeiden oder das Gesicht zu wahren, durchaus üblich. »Nicht-die-(ganze)-Wahrheit-sagen« bedeutet dort nicht gleichzeitig zu lügen. Unsere europäische, direkte Art empfindet man als wenig einfühlsam. Manchmal kann es sinnvoll und notwendig sein, nicht jedem meine ungeschminkte Meinung an den Kopf zu werfen. Es gibt keinen Zwang, jemandem direkt ins Gesicht zu sagen, was ich über ihn denke oder von ihr halte.

Auf den Punkt gebracht: Ehrlichkeit als Lebensauffassung könnte bedeuten, anderen offen und ehrlich zu begegnen. Ehrlichkeit ist der Vorschuss an Vertrauen, der auch beim Gegenüber Vertrauen zu mir entstehen lässt.

Ehrlichkeit im Reden – aber vielmehr im Denken und deshalb Ehrlichkeit im Handeln – das wäre die Konsequenz aus den hohen Umfragewerten zum Thema »Ehrlichkeit«.

Manfred Müller

Bewahre mich vor jeder Art von Falschheit, in deiner Güte lehr mich dein Gesetz! Ich habe mich entschieden, treu zu bleiben, und will mich deiner Ordnung unterstellen.

Psalm 119, Verse 29-30

Jeder, der Böses tut, hasst das Licht und bleibt im Dunkeln, damit seine schlechten Taten nicht offenbar werden. Aber wer der Wahrheit gehorcht, kommt zum Licht; denn das Licht macht offenbar, dass er mit seinen Taten Gott gehorsam war.

Johannes-Evangelium, Kapitel 3, Verse 20-21

Jesus antwortete: »Ich bin der Weg, denn ich bin die Wahrheit und das Leben. Einen anderen Weg zum Vater gibt es nicht.«

Johannes-Evangelium, Kapitel 14, Vers 6

Da fragte Pilatus ihn: »Du bist also doch ein König?« Jesus antwortete: »Ja, ich bin ein König. Ich wurde geboren und bin in die Welt gekommen, um die Wahrheit offenbar zu machen und als Zeuge für sie einzutreten. Wem es um die Wahrheit geht, der hört auf mich.« »Wahrheit«, meinte Pilatus, »was ist das?«

Johannes-Evangelium, Kapitel 18, Verse 37-38

ehrlichkeit: biblisch

Pass auf, kleines Auge, was du siehst

Pass auf, kleines Auge, was du siehst:
Was kannst du denn noch sehen? Welche Fotos von dürftig
bekleideten Frauen z. B., die eigentlich für ein Sonnenstudio oder
eine Margarine werben? Oder wo drückst du mal ein Auge zu?

Pass auf, kleines Ohr, was du hörst:
Was kannst du denn schon lange nicht mehr hören? Die »Jamba-
Klingeltönejahrescharts« oder die Geschichte, die dir deine Oma
jetzt schon zum hundertsten mal erzählt?

Pass auf, kleine Hand, was du tust:
Zupacken oder zupacken lassen? Eine helfende Hand reichen oder
sie vor die Augen halten? Schlagen oder Fäuste öffnen? Oder die
Hände mal ruhig wieder in den Schoß legen?

Pass auf, kleiner Fuß, wohin du gehst:
Jeden Tag der gleiche Weg zur Schule, ins Praktikum, zur
Arbeit. Immer die gleiche Position, die gleiche Seite, auf die ich
mich stelle.

Pass auf, kleiner Mund, was du sprichst:
Sind das eigentlich noch meine Worte? Meine Gedanken, die ich
ausspreche oder übernimmt das schon länger jemand anderes für
mich? Das Denken? Und Sprechen?

Katharina Kötzner

Sag die Wahrheit!

Eine Spielshow

- ✏️🗒️ Moderationskärtchen, Papier, Stifte,
  Uhr mit Sekundenzeiger oder Stoppuhr
- 🕐 20 bis 30 Minuten
- 👥 1 Moderator, 3 Kandidaten, 4 Fragende, Publikum;
  ab 12 Jahren

Nach der Idee einer Fernsehshow bereiten sich drei Teilnehmer und Teilnehmerinnen aus eurer Gruppe vor. Sie überlegen sich eine Besonderheit (z. B. »ich kann zwei Minuten tauchen«) oder ein besonderes Erlebnis (»ich habe dem Papst die Hand geschüttelt«), das eine der drei Personen auszeichnet oder das sie wirklich erlebt hat. Dies sollte der Gruppe möglichst nicht bekannt sein. Dann tauschen sich die drei kurz über dieses Thema aus. Eine Kurzbeschreibung der Besonderheit wird auf ein Kärtchen geschrieben, das eine Moderatorin oder ein Moderator bekommt.

Anschließend setzen sich die drei einer Reihe von Ratefüchsen (maximal vier Personen) gegenüber. Sie stellen sich alle mit dem gleichen Satz vor (»Ich habe dem Papst die Hand geschüttelt.«). Dann bekommen die Ratenden und auch das Publikum (der Rest der Gruppe) vom Moderator die Beschreibung vorgelesen.

Anschließend hat jeder Ratefuchs 30 Sekunden Zeit, um queerbeet Fragen an die Kandidatinnen und Kandidaten zu stellen. Diese versuchen, so zu antworten, dass es glaubwürdig klingt.

Nachdem alle ihre Fragezeit beendet haben, geben sie einen Tipp ab, wer die Wahrheit gesagt und wer gelogen hat, und natürlich auch, warum man das annimmt. Anschließend wird aufgelöst.

Die Gruppe kann im Anschluss besprechen, woran sie erahnen konnte, wer die Wahrheit gesagt hat und wer nicht. Auch das Publikum sollte hier mit einbezogen werden.

Guten Tag, Ehrlich am Apparat!

Eine besondere Telefonumfrage

- ✎🖥 Telefon, Telefonbuch, Papier, Stifte
- 🕐 45–60 Minuten
- 👥 unbegrenzt; ab 14 Jahren

Ruft Menschen an, die den Namen »Ehrlich« tragen. Erklärt ihnen, dass ihr eine Telefonumfrage für eure Gruppe macht und stellt ihnen vorbereitete Fragen, wie:

▸ Was bedeutet es für Sie, den Namen »Ehrlich« zu tragen?

▸ Wie wichtig ist Ihnen Ehrlichkeit?

▸ Gab es schon einmal ein lustiges Erlebnis, das mit Ihrem Namen zusammenhängt?

Anschließend könnt ihr die Ergebnisse in der Gruppe auswerten und darüber sprechen.

Ihre ehrliche Meinung ...

Die UNO hat eine weltweite Umfrage durchgeführt. Die Frage lautete: »Geben Sie uns bitte Ihre ehrliche Meinung zur Lösung der Nahrungs-Knappheit im Rest der Welt ab.«

Die Umfrage stellte sich, nicht unerwartet, als Riesenflop heraus:

In Afrika wussten die Teilnehmer nicht, was Nahrung ist.

Osteuropa wusste nicht, was ehrlich heißt.

Westeuropa kannte das Wort Knappheit nicht.

Die Chinesen wussten nicht, was Meinung ist.

Der Nahe Osten fragte nach, was denn Lösung bedeute.

Südamerika kannte den Sinn des Wortes »bitte« nicht.

Und in den USA wusste niemand, was der Rest der Welt ist.

Quelle unbekannt

Der Herr segne Deine Ehrlichkeit im Denken.

Er schenke Dir klare Gedanken,

einen wachen Verstand,

um Wahres von Falschem zu unterscheiden

und gute Entscheidungen zu treffen.

Der Herr segne Deine Ehrlichkeit im Reden.

Er schenke Dir klare Worte,

die Wahres beim Namen nennen,

und auch vor unbequemen Wahrheiten nicht zurückschrecken.

Der Herr segne Deine Ehrlichkeit im Fühlen.

Er schenke Dir die Fähigkeit,

Deine Gefühle zuzulassen

und ihnen zu trauen.

Der Herr segne Deine Ehrlichkeit im Handeln.

Er lenke und leite alles, was Du tust,

damit Du ohne Angst, offen und direkt

das tun kannst, was notwendig ist.

Amen.

Manfred Müller

Ohren um zu hören

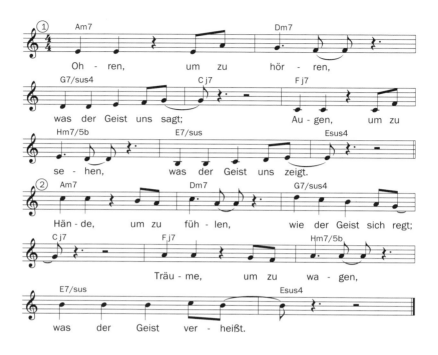

Oh - ren, um zu hör - ren, was der Geist uns sagt; Au - gen, um zu se - hen, was der Geist uns zeigt.

Hän - de, um zu füh - len, wie der Geist sich regt; Träu - me, um zu wa - gen, was der Geist ver - heißt.

Text: Arndt Büssing / Musik: Reinhard Horn

Liedvorschläge zum Thema Ehrlichkeit

Herr, in deine Hände lege ich (*Troubadour* **1050**)

Meine engen Grenzen (*Troubadour* **115**)

Ich steh vor dir mit leeren Händen (*Troubadour* **123**)

Ehrlich (Die Firma)

Wenn du sagst (Revolverheld)

Zeig mir dein Gesicht (Berger)

was mir wertvoll ist

treue

Treue ist eine Tugend, die die Verlässlichkeit gegenüber einem anderen, einer Gruppe oder einer Sache ausdrückt. Sie basiert auf Vertrauen und/oder Loyalität.

Oft wird sie durch Gegenstände der materiellen Kultur symbolisiert, z. B. den Ehering. Eng verwandt mit dem Begriff der Treue ist der Begriff Vertrauen, Trost und Loyalität. Ihr Gegenteil ist die Untreue, verschärft der Treuebruch und Verrat.

vgl. Wikipedia 2008

Mit der Treue ist das so eine Sache – ein Begriff, der bisweilen verstaubt und veraltet daher kommt. Manchmal scheint er noch vom Kameradschaftsgedanken aus Kriegszeiten geprägt zu sein. Auch die Neonazi-Szene nutzt diesen Begriff für ihre Propaganda als falsch interpretierte »Vaterlandstreue«. Fragt man allerdings in Schulklassen nach den wichtigsten Werten für eine Partnerschaft, landet Treue immer weit vorne. Dabei sind bei der Treue zwei wichtige Linien zu unterscheiden. Die eine betrifft die Treue in einer Partnerschaft oder Freundschaft, die andere die Treue zu mir selbst, zu meinem Lebensweg und den Werten und Überzeugungen, die ich vertrete.

Treue in einer Partnerschaft wird, wenn auch nicht von allen, so doch von den meisten, als wesentlicher Baustein einer Beziehung angesehen. Nach christlichem Verständnis ist die Treue zweier Partner zueinander die Basis und beste Voraussetzung, damit eine Partnerschaft ein Leben lang halten kann. Wenn ich als junger Mensch eine Beziehung eingehe, ist vieles noch neu und ungewohnt. Das Gefühl des Verliebtseins überschlägt sich immer wieder. Neue Partner kommen ins Spiel, und die erste Beziehung hat nur bei den wenigsten ein Leben lang Bestand. Das ist ein normaler Prozess, der nicht gleich Untreue bedeuten muss. Von einem jungen Menschen zu verlangen, er müsse beim ersten Verliebtsein wissen, welches der Partner oder die Partnerin fürs Leben ist, ist unrealistisch. Innerhalb einer bestehenden Beziehung dem Partner oder der Partnerin treu zu sein, ist allerdings ein Wert, den auch Jugendliche und junge Erwachsene wahrnehmen. Das bringt Vertrauen in die Beziehung und hilft, dass sie glücklich und erfüllt ist.

Treue zu mir selbst macht mich zu einem Menschen, zu dem andere Vertrauen aufbauen können. Sich auf andere verlassen können, setzt voraus, dass ich ihrem Wort glauben kann, und ihr Handeln für mich absehbar und akzeptabel erscheint. Mir selbst treu zu bleiben heißt aber auch, zu meiner eigenen Lebensgeschichte zu stehen. Es bedeutet, eigene Stärken realistisch einzuschätzen und eigene Fehler und Schwächen zugeben zu können. Kindern ist hier gerade das Vorbild von Eltern, Freunden und Freundinnen, Gruppenleiterinnen und Gruppenleitern sowie Lehrern und Lehrerinnen ein wichtiger Wegweiser für die eigene Entwicklung.

Treue nimmt einen hohen Stellenwert bei jungen Menschen ein. Die Sehnsucht nach einer festen, verlässlichen Beziehung ist bei vielen groß, vielleicht auch deshalb, weil sie erleben, dass Beziehungen scheitern und Treue nicht gehalten wird. Auch kirchliche Jugendarbeit kann ein Ort sein, an dem Treue und Verlässlichkeit erlebt und thematisiert werden können.

Manfred Müller

DAS GLEICHNIS VOM ANVERTRAUTEN GELD

Es ist wie bei einem Mann, der verreisen wollte. Er rief vorher seine Diener zusammen und vertraute ihnen sein Vermögen an. Dem einen gab er fünf Zentner Silbergeld, dem anderen zwei Zentner und dem dritten einen, je nach ihren Fähigkeiten. Dann reiste er ab. Der erste, der die fünf Zentner bekommen hatte, steckte sofort das ganze Geld in Geschäfte und konnte die Summe verdoppeln. Ebenso machte es der zweite: Zu seinen zwei Zentnern gewann er noch zwei hinzu. Der aber, der nur einen Zentner bekommen hatte, vergrub das Geld seines Herrn in der Erde.

Nach langer Zeit kam der Herr zurück und wollte mit seinen Dienern abrechnen. Der erste, der die fünf Zentner erhalten hatte, trat vor und sagte: Du hast mir fünf Zentner anvertraut, Herr, und ich habe noch weitere fünf dazuverdient; hier sind sie! Sehr gut, sagte sein Herr, du bist ein tüchtiger und treuer Diener. Du hast dich in kleinen Dingen als zuverlässig erwiesen, darum werde ich dir auch Größeres anvertrauen. Komm zum Freudenfest deines Herrn! Dann kam der mit den zwei Zentnern und sagte: Du hast mir zwei Zentner gegeben, Herr, und ich habe noch einmal zwei Zentner dazuverdient. Sehr gut, sagte der Herr, du bist ein tüchtiger und treuer Diener. Du hast dich in kleinen Dingen als zuverlässig erwiesen, darum werde ich dir auch Größeres anvertrauen. Komm zum Freudenfest deines Herrn! Zuletzt kam der mit dem einen Zentner und sagte: Herr, ich wusste, dass du ein harter Mann bist. Du erntest, wo du nicht gesät hast, und sammelst ein, wo du nichts ausgeteilt hast. Deshalb hatte ich Angst und habe dein Geld vergraben. Hier hast du zurück, was dir gehört. Da sagte der Herr zu ihm: Du unzuverlässiger und fauler Diener! Du wusstest also, dass ich ernte, wo ich nicht gesät habe, und sammle, wo ich nichts ausgeteilt habe? Dann hättest du mein Geld wenigstens auf die Bank bringen sollen, und ich hätte es mit Zinsen zurückbekommen! Nehmt ihm sein Teil weg und gebt es dem, der die zehn Zentner hat!

Matthäus-Evangelium, Kapitel 25, Verse 14-28

An Liebe und Treue zu anderen soll es bei dir niemals fehlen. Schmücke dich damit wie mit einer Halskette!

Buch der Sprichwörter,
Kapitel 3, Vers 3

Viele reden von ihrer Treue; aber finde mal einen Menschen, auf den Verlass ist!

Buch der Sprichwörter, Kapitel 20, Vers 6

Der Geist Gottes dagegen lässt als Frucht eine Fülle von Gutem wachsen, nämlich: Liebe, Freude und Frieden, Geduld, Freundlichkeit und Güte, Treue ...

Galater-Brief, Kapitel 5, Vers 22

Treue

Treue
helfen immer
für einander da
Freunden helfen bei Schwierigkeiten
Freunde

Treue
gutes Gefühl
jeder braucht es
für jemand da sein
happy

Treue
ist Freundschaft
und Vertrauen haben!
Und die Wahrheit sagen!
Amen

zwei

mal zusammen

dann wieder getrennt

wir wollen treu sein

hilf

treu

für immer

Freund fürs Leben

ich will glücklich bleiben

wir

zusammen

ganz entspannt

nur kein stress

soll immer so sein

freu

ELFCHEN *einer 7. Hauptschulklasse*

Voll treu, yeah!

Einen Rap zum Thema »Treue« schreiben

- ✏️🖥 Papier, Stifte
- 🕐 45 bis 60 Minuten
- 👥 Anzahl unbegrenzt, einzeln oder in kleinen Gruppen, ab 12 Jahren

Raptexte zu schreiben ist oft leichter als man denkt. Die Jugendlichen können versuchen, ihre Ideen zum Thema in Texte umzusetzen. Nach der Textarbeit erfolgt die Einübung des Sprechgesangs. Schließlich kann im Plenum, aber auch in einem Abschlussgottesdienst, der Rap-Song vorgetragen werden.

Einen Rhythmus erzeugt man einfach mit den Händen, die auf die Oberschenkel schlagen, klatschen oder schnippen. Sinnvoll erscheint es, den Rhythmus von jemandem schlagen zu lassen, der nicht gleichzeitig rappt. Beim Texten sollten Reime vorkommen, das Reimschema ist aber recht offen. Ein wiederholbarer Refrain erleichtert es der Gruppe, sich in die Vorführung des Rap-Songs einzuklinken.

Jugendliche werden bei dieser Methode meist viel Erfahrung aus einschlägig bekannten Liedern mitbringen. Diese Chance sollte man nutzen.

Bis dass der Tod uns scheidet...

Besuch bei einem alten Ehepaar

✏️🔖 Kaffee, Milch, Zucker, Kuchen,
Zettel mit vorbereiteten Fragen

🕐 1 – 2 Stunden

👥 6 – 8 Personen ab 14 Jahren, eine Leitungsperson

Die Gruppe besucht ein Ehepaar, das Goldene Hochzeit gefeiert hat (also vor 50 Jahren geheiratet hat) oder eine ähnlich lange Zeit verheiratet ist.

Die Gruppenmitglieder bringen Kaffee und einen selbst gebackenen Kuchen mit und erfragt im Gespräch, wie das Paar es geschafft hat, so lange Zeit miteinander durchs Leben zu gehen, was besondere Momente waren, schöne oder (wenn genug Vertrauen da ist) auch schwere Momente ...

Die Gruppe kann im Anschluss oder zu einem späteren Zeitpunkt über ihre Erfahrungen aus dem Gespräch reden: Was hat beeindruckt, was überrascht?

Aus einem Internet-Forum

victory **fragt:**

Lässt sich »Treue« gegenüber anderen Menschen heute noch leben? Persönlich spüre ich, dass immer weniger Menschen in der Lage sind, was sie selbst fordern zu geben. Kann es sein, dass man aus einem Übermaß an Selbstbewusstsein Loyalität und Treue unterschätzt? Sind Menschen im realen Leben wirklich so leicht umzutauschen?

Antworten:

bruno: Treue hat mit dem Heute nichts zu tun. Es ist eine Lebenshaltung, die vor 5000 Jahren genauso möglich war und heute sein kann. Die Verführung ist kein Produkt unserer Zeit, sie ist uralt.

grisu: Treue ist auch heute noch ein Wert, der ziemlich hoch angesiedelt ist. Ist eine Partnerschaft in Ordnung, sollte Treue doch eigentlich ein Selbstgänger sein. Ist sie nicht in Ordnung, kommt Treue ins Wanken. Dann muss entweder nach Möglichkeiten gesucht werden, die Partnerschaft wieder in Ordnung zu bringen, oder aber Trennung ist der richtige Weg. Menschen einfach austauschen? NEIN.

knowledge: Und ob! Wenn man sich nicht mehr vertraut (daher kommt doch »Treue«), ist die Basis jeden Zusammenlebens entzogen. Jeder ist einmalig, egal was er ist oder kann, und nicht auszutauschen.

bosshog: Ich finde dass Treue sich noch leben lässt. Aber das trifft sicherlich nicht auf alle und auch nicht immer auf mich zu … Kommt eben schon sehr auf die Partnerschaft an. Menschen sind manchmal leicht auszutauschen, meist aber nur am Anfang einer Beziehung, geht's dann ans Eingemachte, merkt man oft die Unterschiede.

america: Ja, ich glaube an die Treue, ist wohl eine Mischung aus Erziehung und Charakter.

WildeFee: Ich sehe einen Unterschied zwischen Treue in einer Freundschaft oder zur Familie und auf der anderen Seite Treue in einer Partnerschaft. Freunde und Familie bzw. mir nahe stehende Menschen haben meine absolute Loyalität und Treue insofern, als ich für sie da bin, wenn sie mich brauchen. Dass ich hinter ihnen stehe, wenn sie das brauchen. Bei einer Partnerschaft sehe ich, dass »Mensch« es sich oft leicht macht. Kaum stimmt etwas nicht in der Beziehung, wird häufig gleich die ganze Beziehung in Frage gestellt und/oder sich schnell getrennt. Es besteht wenig Konflikt-bereitschaft und -fähigkeit. Das ist mir auch schon des Öfteren bitter aufgestoßen.

nichts: Treue, Vertrauen und Ehrlichkeit sind die fundamentalsten Bedingungen für eine Beziehung zu sich selbst und dann zur Umwelt. Eine Voraussetzung, sich im Spiegel mit Achtung zu betrachten.

Trau Dich

Trau Dich,
gegen alles Misstrauen
dem Leben zu vertrauen.

Trau Dich,
in den Menschen um Dich herum
Gottes Spuren zu entdecken.

Trau Dich,
täglich neue Fragen zu stellen,
auf der Suche nach neuen Antworten.

Trau Dich,
loszulaufen,
ohne den genauen Weg zum Ziel schon zu kennen.

Trau Dich,
Deine Gefühle zu zeigen,
auch wenn Du Dich dadurch
verletzlich machst.

Trau Dich,
jemandem die Treue zu halten,
der Dein Vertrauen braucht.

Trau Dich!

Manfred Müller

Treu sein

Ich kann dir nicht wirk-lich treu sein, doch ich wünsch' es mir so sehr! Dir treu wer-den wird mir neu sein, je-den Tag ein Stück-chen mehr.

Ref: Und du kommst mir da ent - ge-gen, gehst auf mei-nen Rei-sen mit. Gibst mir Halt und bist mir Se-gen, hältst mit mei-nen Ab- und Um-we-gen noch Schritt.

2) Ich versuche dich zu lieben, so wie du mich scheinbar liebst.
Also werde ich jetzt üben dir zu geben was du gibst!

3) Ich versuche dir zu trauen, doch ich trau mir selber nicht.
Werde aber daran bauen, nehm mich selber in die Pflicht.

*) jede Strophe einen Ton höher:
H7 -> e D ... G D C D G C D C D G D C D G D C H
CIS -> fis E ... A E D E A D E D E A E D E A E D Cis

Liedvorschläge zum Thema ➡

Liedvorschläge zum Thema Treue

Herr, du bist mein Leben (*Troubadour* **187**)
Meine Zeit steht in deinen Händen (*Troubadour* **759**)
Bewahre uns Gott (*Troubadour* **335**)

Der Weg (Herbert Grönemeyer)
Troy (Die Fantastischen Vier)
Unzertrennlich (Revolverheld)

was mir wertvoll ist

zivilcourage

Zivilcourage setzt sich aus den beiden Wörtern zivil (lateinisch civilis, bürgerlich – nicht militärisch) und courage (französisch »Mut«) zusammen: Was als Mut von Bürgern übersetzt werden kann und vermutlich ursprünglich ausschließlich entsprechendes Auftreten gegenüber nicht-zivilen Autoritäten (Militär, Polizei) meinte. Heute wird unter Zivilcourage das Auftreten gegen die herrschende Meinung verstanden, mit dem der Einzelne, ohne Rücksicht auf sich selbst, soziale Werte vertritt, von denen er selbst überzeugt ist. Zivilcourage bedeutet sichtbarer Widerstand aus Überzeugung.

vgl. Wikipedia 2008

Zivilcourage hat in der Meinung vieler junger Menschen verschiedene Facetten. Sie reichen von Heldentum, das auch heute nicht selten von knallharten Actiontypen wie Bruce Willis in der »Stirb-Langsam«-Reihe verkörpert wird, bis hin zu pazifistischer Selbstaufgabe, wie der von Mahatma Gandhi, der letztendlich seinen Widerstand mit dem Leben bezahlte. Beides sind Vorbilder, die bewundert werden, aber für normale Menschen unerreichbar bleiben.

Wer würde sich schon wirklich und ehrlich zutrauen, eine Gruppe Neonazis von ihrer Jagd auf Minderheiten abzubringen oder gewaltbereite U-Bahn-Schläger von einem hilflosen Rentner wegzuziehen? Der ehemalige Bundeskanzler Gerhard Schröder rief zum »Aufstand der Anständigen« gegen Rechtsextremismus, Gewalt und Ausländerfeindlichkeit auf. Dies ist ein anerkennenswertes Ziel, das jedoch den Blick auf wenige extreme Situationen einengt statt ihn zu weiten auf die vielfältigen Probleme unserer Gesellschaft, wie Gewalt, Missbrauch, Vernachlässigung, Armut, soziale Kälte oder Fremdenfeindlichkeit.

Ein besserer Erklärungsversuch für Zivilcourage ist der »soziale Mut« oder »Mut im Zwischenmenschlichen«. Mit diesem Begriff können wir verstehen, dass wir Zivilcourage jeden Tag leben können, an dem wir mit anderen Menschen in Kontakt kommen. Wir können handeln, statt nur betroffen hinzusehen, wenn das kleine Bauchgrummeln uns signalisiert, hier ist etwas nicht in Ordnung.

»Ich wollte kein Zuschauer sein«, sagte der Bürgerrechtler Martin Luther King. Mit sozialem Mut wird man in folgenden Situationen vom Zuschauer zum Akteur, ohne Superkräfte oder Gefahren für die eigene Gesundheit oder das eigene Leben – aber möglicherweise dennoch mit Nachteilen für die eigene Person:

▸ Einschreiten, wenn ein Mitschüler gehänselt wird – auch wenn die Mobber sozial anerkannt sind.

▸ Die Eltern unterrichten, wenn die beste Freundin Suizidgedanken verfolgen – auch wenn durch den Verrat die Freundschaft zerbrechen kann.

▸ Den Kumpel bremsen, der besonders gerne frauenfeindliche Witze macht oder andere in Schubladen steckt – auch wenn man dann gegen den Strom schwimmt.

▸ Das Jugendamt um Hilfe bitten, wenn bei Gruppenkindern oder Schülern Verdacht auf Vernachlässigung besteht – auch wenn man dann als Einmischer zählt.

▸ Auch fremden Kindern und Jugendlichen das Rauchen in der Öffentlichkeit verbieten – auch wenn man dann als Spießer gilt.

Sicherlich gibt es noch unendlich viele Beispiele, sozialen Mut zu beweisen, ohne ein zu großes Risiko einzugehen – aber trotzdem um den Preis eines (vielleicht sehr kleinen) Nachteils. Wenn dies gelingt, ist auch die Hürde genommen, bei akuten Gewaltfällen nicht wegzusehen. Jeder kann Hilfe holen, die Polizei verständigen oder als Zeuge zur Verfügung stehen, statt wegzusehen oder passiv zu sein.

Felix Behl

JESUS UND DIE EHEBRECHERIN

Jesus aber ging zum Ölberg. Am nächsten Morgen kehrte er sehr früh zum Tempel zurück. Alle Leute dort versammelten sich um ihn. Er setzte sich und sprach zu ihnen über den Willen Gottes. Da führten die Gesetzeslehrer und Pharisäer eine Frau herbei, die beim Ehebruch ertappt worden war. Sie stellten sie in die Mitte und sagten zu Jesus: »Lehrer, diese Frau wurde ertappt, als sie gerade Ehebruch beging. Im Gesetz schreibt Mose uns vor, dass eine solche Frau gesteinigt werden muss. Was sagst du dazu?« Mit dieser Frage wollten sie ihm eine Falle stellen, um ihn anklagen zu können. Aber Jesus bückte sich nur und schrieb mit dem Finger auf die Erde. Als sie nicht aufhörten zu fragen, richtete er sich auf und sagte zu ihnen: »Wer von euch noch nie eine Sünde begangen hat, soll den ersten Stein auf sie werfen!« Dann bückte er sich wieder und schrieb auf die Erde. Als sie das hörten, zog sich einer nach dem andern zurück; die Älteren gingen zuerst. Zuletzt war Jesus allein mit der Frau, die immer noch dort stand. Er richtete sich wieder auf und fragte sie: »Frau, wo sind sie geblieben? Ist keiner mehr da, um dich zu verurteilen?« »Keiner, Herr«, antwortete sie. Da sagte Jesus: »Ich verurteile dich auch nicht. Du kannst gehen; aber tu diese Sünde nicht mehr!«

Johannes-Evangelium, Kapitel 8, Verse 1-11

DAS WICHTIGSTE GEBOT

Als die Pharisäer erfuhren, dass Jesus die Sadduzäer zum Schweigen gebracht hatte, kamen sie bei Jesus zusammen. Einer von ihnen, ein Gesetzeslehrer, stellte Jesus eine Falle. Er fragte ihn: »Lehrer, welches ist das wichtigste Gebot des Gesetzes?« Jesus antwortete: »Liebe den Herrn, deinen Gott, von ganzem Herzen, mit ganzem Willen und mit deinem ganzen Verstand! Dies ist das größte und wichtigste Gebot. Aber gleich wichtig ist ein zweites: Liebe deinen Mitmenschen wie dich selbst! In diesen beiden Geboten ist alles zusammengefasst, was das Gesetz und die Propheten fordern.«

Matthäus-Evangelium, Kapitel 22, Verse 34-40

WER VON EUCH
NOCH NIE EINE SÜNDE
BEGANGEN HAT,
SOLL DEN ERSTEN STEIN
AUF SIE WERFEN!

Jesus-Revolution

Ja, die Jesus-Revolution ...

Da war einer, der von den eigenen Einstellungen überzeugt war, der sich nicht einfach angepasst hat, um von der Gesellschaft anerkannt zu werden, sondern für seinen Glauben gelebt hat. Und heute glauben wir an diesen Menschen: Jesus. Ein einziger Mensch hat etwas Riesiges begründet, das Christentum. In unserer Zeit sollte das vielleicht ein Denkanstoß sein.

Hi Jesus!

Na super, ganz toll – ich gehöre zu deinen Anhängerinnen – JA! – und, was hab' ich davon? Werde von einigen Leuten als »Träumerin« gesehen, als »Ökotante« abgestempelt, als »Sozial-Tussi« deklariert, dass andere verstehen und nachvollziehen können, was mich im Leben antreibt, mir Motivation und Sinn gibt! Ich könnts auch viel einfacher haben – wärst du nicht genau das Gegenteil von all dem gewesen, was in einer Ellenbogenmentalitätsgesellschaft wichtig und angebracht scheint. Und überhaupt – interessiert dich eigentlich, was Menschen heute bewegt?! Hört sich vielleicht dumm und egoistisch an, aber manchmal stehst du mir ziemlich im Weg, z. B. wenn ich gerne einen Menschen kennen lernen würde, mit dem ich mein Leben verbringen könnte. Immer diese christliche Moral, die »ich-glaube-an-Gott-und-seinen-Sohn-Jesus-Christus«-Rechtfertigungen. Wofür das alles?!

Damit ich mir die Hörner abstoße, den Arsch aufreiße, den Mund franselig rede und am Ende damit nicht »landen« kann?! JA – ich sage laut und deutlich JA zu dir! Denn du bist es mir wert! Nein, dieses Leben ist es mir wert, mehr daraus zu machen als ein rein rationales, produktives, hedonistisches und ich-bezogenes Leben!

So schwer es mir auch tagtäglich fällt, ich will nicht, dass der Satz
»... du starbst umsonst, denn alles blieb beim Alten« gültig wird.
Auch wir sollten für das leben, wovon wir überzeugt sind.
Und genau das macht »Revolution« aus: Zu machen, was man will.
Man muss nicht die Welt verändern, aber man muss seine eigene
kleine Welt verändern, so dass man zufrieden mit dieser ist.

CAJ-Tankstelle

Eine Rechnung aufmachen

Man kann den Wert eines Menschen in Deutschland
   sehr leicht berechnen.

Wie viele Steuern er zahlen kann in seinem Leben.

Wie viele Kinder er bekommt in seinem Leben.

Wie viele Einkäufe er tätigt.

Wie viel die Summe seiner Lebensversicherung betragen kann.

Wie viele Tage er in die Rentenversicherung einzahlt.

Wie viele Schulden er macht.

Wie viel Geld er auf der hohen Kante hat.

Wie viele Tage er krank war in seinem Leben.

Wie viele Reisen er getätigt hat.

Wie oft er die Kirche besucht hat.

Eine ganz einfache Rechnung.

Schade, dass der Wert eines Menschen sinkt,

wenn er am falschen Ort geboren wird,

wenn Aufgaben ihn überfordern,

wenn er sich Zeit für ein Gespräch nimmt,

wenn er für die falsche Gruppe Partei ergreift.

Simon Gahr

Das Heinz-Dilemma

Wie soll sich Heinz entscheiden?

In einem fernen Land lag eine Frau, die an einer besonderen Krebsart erkrankt war, im Sterben. Es gab eine Medizin, von der die Ärzte glaubten, sie könne die Frau retten. Es handelte sich um eine besondere Form von Radium, die ein Apotheker in der gleichen Stadt erst kürzlich entdeckt hatte. Die Herstellung war teuer, doch der Apotheker verlangte zehnmal mehr dafür, als ihn die Produktion gekostet hatte. Er hatte 200 Dollar für das Radium bezahlt und verlangte 2.000 Dollar für eine kleine Dosis des Medikaments.

Heinz, der Ehemann der kranken Frau, suchte alle seine Bekannten auf, um sich das Geld auszuleihen, und er bemühte sich auch um eine Unterstützung durch die Behörden. Doch er bekam nur 1.000 Dollar zusammen, also die Hälfte des verlangten Preises. Er erzählte dem Apotheker, dass seine Frau im Sterben lag, und bat, ihm die Medizin billiger zu verkaufen oder ihn den Rest später bezahlen zu lassen. Doch der Apotheker sagte: »Nein, ich habe das Mittel entdeckt, und ich will damit viel Geld verdienen.«

Heinz hat nun alle legalen Möglichkeiten erschöpft; er ist ganz verzweifelt und überlegt, ob er in die Apotheke einbrechen und das Medikament für seine Frau stehlen soll.

Lawrence Kohlberg

Komm, wir reden mal drüber!

Die Sensis-Methode

✐▌ Frage- und Antwortkärtchen

🕐 10 bis 25 Minuten

👥 ab 4 Personen

Eine Möglichkeit z. B. zum Thema »Zivilcourage« in einen Dialog mit einer Gruppe einzusteigen, ist die Sensis-Methode. Zu allen möglichen Themen können kleine Kärtchen erstellt werden, die passende Fragen, Aussagen oder Provokationen enthalten, die von einer Kleingruppe besprochen werden. Die Aussagen können entweder vorgegeben, von den Teilnehmenden (anonym) gesammelt oder beides kombiniert werden. So können auch eigene existenzielle Fragen, Haltungen oder Ängste ehrlich eingebracht werden, die sonst womöglich nicht thematisiert würden.

▸ Eine Person beginnt und zieht verdeckt eine vorbereitete Sensiskarte.

▸ Er oder sie liest sie laut vor und nimmt dazu Stellung.

▸ Danach können die Anderen ihre Meinung dazu sagen, aber es gibt keinen Zwang.

▸ Gibt es keine neuen Beiträge, zieht der oder die nächste Freiwillige eine Karte.

▸ Jede Person soll und darf die eigene Meinung sagen, es geht nicht darum, als Gruppe eine richtige oder falsche Meinung zu haben.

▸ Es ist nicht nötig, möglichst viele Kärtchen zu besprechen.

In großen Gruppen, z. B. im Gottesdienst, kann eine Person aus dem Vorbereitungsteam fertige oder von Teilnehmern geschriebene Kärtchen vorlesen, die Zuhörer signalisieren dann durch das Hochhalten von roten oder grünen Karten ihre Ablehnung oder Zustimmung zur aktuellen Aussage.

Sensis zum Thema Zivilcourage

▸ Wenn ich zu einer Gewaltsituation komme,
der ich nicht gewachsen bin, gehe ich unauffällig weiter.

▸ Wenn ich im Urlaub Eltern begegne, die ihre Kinder schlagen,
kann ich eh nicht nachhaltig helfen.

▸ Ich muss mich in jeder Gewaltsituation einmischen!

▸ Arbeitskollegen, die an Migranten nur herumnörgeln,
widerspreche ich. Meine Beliebtheit ist mir dabei egal.

▸ Gesetze sind wichtig – aber meine Freunde
darf ich niemals verpetzen.

▸ Meine beste Freundin ritzt sich. Ich sage ihren Eltern nichts,
damit unsere Freundschaft nicht aufs Spiel gesetzt wird.

Sensis zum »Heinz-Dilemma«

▸ Heinz darf das Gesetz übertreten,
   wenn es um Leben und Tod geht!

▸ Gesetze müssen immer gelten – auch für Heinz!

▸ Da die Gesellschaft Heinz nicht hilft,
   ist er nicht an Gesetze aus dieser Gesellschaft gebunden.

▸ Die 10 Gebote verbieten stehlen!

▸ Jesus hat vorgemacht, dass Nächstenliebe
   wichtiger ist als starre Regeln!

▸ Heinz soll das Medikament stehlen und seine Frau retten
   – und sich danach der Polizei stellen!.

Zivilcourage kann man lernen

Zivilcourage ist nicht angeboren, sondern kann von jedem Menschen erlernt werden. In speziell dafür angebotenen Kursen erlernen die Teilnehmenden den bewussten Umgang mit entsprechenden Situationen, die Möglichkeiten und Grenzen, die man persönlich hat, die Vermeidung von Selbst- und Fremdgefährdungen und wie man danach mit der Situation umgeht (Strafanzeige, Zeugenschutz).

Die Polizei hat acht praktische Regeln für mehr Sicherheit erstellt. Unabhängig von einer Trainingsteilnahme kann sie jeder Mensch anwenden:

▸ Ich helfe, ohne mich selbst in Gefahr zu bringen.

▸ Mehr Menschen reagieren auf den Ruf »Feuer!« als auf »Hilfe!«.

▸ Ich fordere andere aktiv und direkt zur Mithilfe auf.
   Dabei spreche ich Menschen als einzelne Individuen an.
   (»Sie mit der roten Jacke...!«)

▸ Ich beobachte genau und präge mir Tätermerkmale ein.

▸ Ich organisiere Hilfe unter Notruf 110 (Handy: 112).

▸ Die Notbremse in der U-Bahn stoppt nicht den fahrenden Zug, sondern alarmiert das Fahrpersonal und den Sicherheitsdienst.

▸ Ich kümmere mich um Opfer. Auch wenn ich nicht sicher in Erster Hilfe bin, kann ich Opfer zumindest ansprechen oder ihnen zuhören und dadurch Beistand leisten.

▸ Ich stelle mich als Zeugin oder Zeuge zur Verfügung.

Felix Behl

Auferstehungs-Litanei

Wenn wir uns nicht entfalten können
> Lass uns auferstehen!

wenn wir verwahrlosen
> Lass uns auferstehen!

wenn wir inkonsequent sind
> Lass uns auferstehen!

wenn wir Entscheidungen treffen müssen
> Lass uns auferstehen!

wenn wir's auf den Punkt bringen wollen
> Lass uns auferstehen!

wenn wir lustlos sind
> Lass uns auferstehen!

wenn wir in einem Teufelskreis stecken
> Lass uns auferstehen!

wenn wir unzufrieden sind
> Lass uns auferstehen!

wenn unsere Jobs verlagert werden
> Lass uns auferstehen!

wenn wir nicht tun können, was wir wollen
> Lass uns auferstehen!

wenn wir den Arsch nicht hochkriegen
> Lass uns auferstehen!

wenn uns der Mut fehlt
> Lass uns auferstehen!

wenn wir leben wollen
> Lass uns auferstehen!

CAJ-Tankstelle

Der Sprung

Vor-/Zwischenspiel

(1) Das Le-ben glei-tet manch-mal so da - hin, kein
Auf, kein Ab, kein Hoch, kein Tief, kein Ho - ri-zont, kein Sinn. Die
Zeit macht kein Ge - räusch wenn sie zer - rinnt. Lass die
Ru-he vor dem Sturm heut aus und stell' dich in den Wind. -

Ref.:

Und ir-gend-wann hast du den Sprung ge-wagt, ir-gend -
wer hat dich ge - führt, ir-gend-was wird dir da zu-ge-sagt,
ir-gend-wie hat's dich be - rührt, ir-gend-was hat dich be - rührt.

(2) Das Zögern macht dein Universum klein:
"Man müsste mal, man sollte wohl ...", doch du bleibst gern daheim
und ignorierst den Ruf, den du vernimmst.
Drängt sich dir nicht die Frage auf: was ist, wenn du jetzt springst? (Ref)

Bridge

Hol tief A-tem und lauf' los, sieh' nach vorn: der Him-mel winkt.
Halt be - hut-sam die Ba - lance bis der Fun-ke ü-ber - springt - -.

Text und Melodie: B. Vogt (11/2006)

Liedvorschläge zum Thema ➡

Liedvorschläge zum Thema Zivilcourage

Soviele warten im Land (*Troubadour* **723**)
Wenn nicht jetzt, wann dann (*IHM & uns* **164**)
Aufstehn für das Leben (*Cantate* **333**)

Heldenzeit (Wir sind Helden)
Schrei nach Liebe (Die Ärzte)
Helden gesucht (Thomas Godoj)

zivilcourage:singbar

was mir wertvoll ist

spaß

Spaß ist eine im Deutschen seit dem 16./17. Jahrhundert belegte Substantivbildung aus dem italienischen *spasso* (Zerstreuung, Zeitvertreib, Vergnügen). Heute wird mit »etwas macht Spaß« eine Tätigkeit beschrieben, die gerne gemacht wird, die Freude bereitet. »Mit jemandem einen Spaß treiben« bezeichnet, dass dieser Person ein Streich gespielt wird. Der Spaß ist eine Äußerung, über die gelacht werden kann, ja soll, und gilt als Bestandteil des Humors. Das Wort wird auch synonym zu Jux, Scherz und Witz verwendet. Zugehörige Adjektive sind spaßig und spaßhaft. Als Gegenbegriff gilt der Ernst.

vgl. Wikipedia 2008

Wer kennt sie nicht, die Samstagabendsendung »Verstehen Sie Spaß«, in der unbescholtene und ahnungslose Menschen vor versteckter Kamera hinters Licht geführt und in die komischsten Situationen gebracht werden. Der Fernsehzuschauer hält sich den Bauch vor Lachen. Das macht Spaß!

Derartige Sendungen gibt es inzwischen auf vielen Programmen und sie laufen alle gut. Wir leben – so die Sozialwissenschaftler – ja auch in einer »Spaßgesellschaft« und die jüngere Generation wird schon mal als die »Spaß-Generation« bezeichnet. Statt Kabarett gibt es Comedy mit Witzen, Slapstick und Klamauk am Fließband. Statt Volksfesten gibt es ganze Spaßstätten mit Looping-Achterbahnen und High-Tech-Fahrbetrieben, die atemberaubenden Kick verheißen. Eine riesige Spaßindustrie bedient inzwischen all unsere Lebensbereiche: Arbeit, Schule, Studium, Partnerschaft, ja sogar den Glauben. Alle erdenklichen Dinge sollen in erster Linie Spaß machen. Wenn heute etwas vermieden werden muss, dann sind das Langeweile und Frust. Was aber ist Spaß? Ist Spaß nur ein kurzes, konsumorientiertes und wiederholbares Hochgefühl? Spaß also nur ein »Lust-Kick«, den man auf die Schnelle haben kann, unreflektiert, oberflächlich und austauschbar? Oder ist der Begriff »Spaß« ein Platzhalter für Begriffe wie »Freude«, »Lust«, »Sinn« und »Glück«? Steckt hinter dem oben beschriebenen Phänomen nicht doch der Wunsch nach Lebensglück, echten Gefühlen, tiefer Zufriedenheit und nach echter Lebensfreude? Was wäre dann so schlimm an unserer »Spaßgesellschaft«?

Zumindest die Generation unserer Eltern kennt noch das allgegenwärtige »Das tut man nicht!«, das so manche Lebensfreude und so manchen Lebenstraum schon im Keim erstickt hat. Zugegeben, auch die kirchlich-christliche Tradition in der Vergangenheit war eher lust- und körperfeindlich und der Begriff »Spaß« ist für sich genommen kein theologischer Begriff. Aber die Bibel kennt sehr wohl die »Freude am Glauben« (vgl. Römer-Brief, Kapitel 15, Vers 13), die »Lust am Herrn« (vgl. Psalm 37, Vers 4) und natürlich auch die Verheißung von Lebensfülle (vgl. Johannes-Evangelium, Kapitel 10, Vers 10). Leben in Fülle will Jesus für uns. Da wird nix verboten, weggestrichen oder madig gemacht. Wer durch die Tür Jesu geht wird »selig«, was soviel bedeutet, dass auch die Seele und die Gefühle, das was den Menschen über den Körper hinaus trägt, gut bedient werden. Nur eines wird in diesem biblischen Verständnis von Lebensfülle auch deutlich: Glück und Lebensfreude kann man sich nicht kaufen und man kann es auch nicht irgendwie produzieren und machen, sondern sie werden einem unter anderem im Glauben an Gott und Jesus Christus geschenkt.

Matthias Zöller

DER RECHTE GENUSS

Wer sich selbst nichts gönnt, wem kann der Gutes tun? Er wird seinem eigenen Glück nicht begegnen. Keiner ist schlimmer dran als einer, der sich selbst nichts gönnt, ihn selbst trifft die Strafe für seine Missgunst. [...] Versag dir nicht das Glück des heutigen Tages; an der Lust, die dir zusteht, geh nicht vorbei!

Jesus Sirach, Kapitel 14, Verse 5–6 und 14, aus der Einheitsübersetzung

DIE FREUDE DER JÜNGER CHRISTI

Amen, amen ich sage euch: Ihr werdet weinen und klagen, aber die Welt wird sich freuen; ihr werdet bekümmert sein, aber euer Kummer wird sich in Freude verwandeln. Bis jetzt habt ihr noch nichts in meinem Namen erbeten. Bittet und ihr werdet empfangen, damit eure Freude vollkommen ist.

Johannes-Evangelium, Kapitel 16, Verse 20 und 24

WER SICH SELBST NICHTS GÖNNT, WEM KANN DER GUTES TUN?

Der Morgen danach

Langsam öffnet sie die Augen, schließt sie sofort wieder. Sie versucht es noch mal, kann sie kurz offen lassen, dann fallen sie wieder zu. Die Sonne ist an diesem Morgen einfach zu stark. Langsam erhebt sie sich aus ihrem Bett. Öffnet das Fenster.

Die Sonne scheint warm auf ihren Körper. Und ein leichter Luftzug weht durch ihr Haar. Sie schaut in den Spiegel, der Abend gestern muss lang gewesen sein, wie spät weiß sie nicht, auf die Uhr hat sie nicht gesehen. Kein einziges Mal.

Ihre Füße schmerzen etwas, vom vielen Tanzen am letzten Abend. Vor einem Jahr glaubte sie nicht, dass man so viel Spaß haben kann. Damals war alles noch anders, zu viel Stress!

Doch gestern konnte sie sich richtig gehen lassen, die Nacht durchfeiern. Mit Menschen zusammen sein, denen man wichtig ist. Jetzt erst mal unter die Dusche, denkt sie. Danach fängt der graue Alltag wieder an. Doch der Abend gestern wird sie darüber hinweg trösten.

Eva Schnackig

Fabuland

- die Liebe
- ein weiches Bett
- ein gutes Buch
- ein gemütliches Sofa
- meine Lieblingsserie(n)
- Freunde
- Kinderriegel
- schenken
- an den Ohren spielen
- die Ostsee
- der liebe Gott
- reisen
- gute Musik hören
- Leuchttürme
- picknicken
- abtanzen
- der Duft der Weihnachtszeit
- shoppen
- singen
- ins Café gehen
- schöne Gottesdienste
- Gedichte schreiben
- kuscheln
- Strandkörbe
- geliebte Menschen wiedersehen

und das alles in meinem Leben – wunderbar!

Verena Meurer

Ein Spaßkreislauf

Ich sag dir, was mir Freude macht

- ✏️ nichts
- 🕐 ca. 10 Minuten
- 👥 Jugendliche ab 14 Jahren

Wenn's um wirklichen – keinen aufgesetzten – Spaß geht, dann gibt es dazu ein bestimmtes Gefühl: Ich freue mich. Der Ire in der Geschichte von Willi Hoffsümmer (siehe folgende Seite) hat seine Freude gezeigt und einen Freudensprung gemacht. Wir wollen jetzt keine Freudensprünge machen, aber ein kleines Experiment – einen »Spaßkreislauf zu dritt«. Und das kann ruhig auch einmal in einem Gottesdienst ausprobiert werden.

Es werden Dreier- oder Vierergruppen gebildet. Der Kreislauf entsteht dadurch, dass man sich sagt, was einem Freude macht. Die anderen kommentieren das nicht, sondern hören nur zu. So geht es in der Gruppe weiter. Satzanfänge können sein: »Ich freue mich, wenn ...«, »Ich freue mich auf ...«, »Ich bin froh ...« oder »Freude ist für mich ...«. Das Ganze soll dann immer schneller und immer kreativer werden und schon bald sind alle am Lachen!

Du hast mich zum Lachen gebracht

Einmal starb ein Ire ganz unverhofft. Nun stand er vor Christus. Der musste entscheiden, ob der Ire in den Himmel kommt oder nicht. Noch viele Leute, große und kleine, waren vor dem Iren an der Reihe. Er bekam genau mit, was die Einzelnen vorzuweisen hatten, und wie Jesus entschied.

Jesus schlug in einem dicken Buch nach und sagte zu dem Ersten: »Da steht: Ich hatte Hunger, und du hast mir zu essen gegeben. Bravo, ab in den Himmel!«

Zum Zweiten sagte er: »Ich hatte Durst, und du hast mir zu trinken gegeben!« – und zum Dritten: »Ich war krank, und du hast mich besucht! Bravo, ab in den Himmel, ihr beiden!«

Dann kam ein achtjähriger Junge. Zu dem sagte er: »Hier steht: Keiner wollte etwas mit mir zu tun haben. Du aber hast mich zum Mitspielen eingeladen. Bravo, ab in den Himmel!«

Und zu einem zehnjährigen Mädchen sagte Jesus: »Hier steht: Alle haben mich beschimpft, du aber hast mich verteidigt! Bravo, ab in den Himmel!«

Bei jedem, der so in den Himmel befördert wurde, machte der Ire Gewissensforschung, und jedesmal kam ihm das Zittern. Er hatte keinem etwas zu essen gegeben oder zu trinken, und Kranke hatte er nicht besucht und Schwache nicht verteidigt. Wie würde es ihm ergehen, wenn er vor Jesus dem König stehen würde?

Und dann war er auch schon an der Reihe. Er blickte auf Jesus, der in seinem Buch nachschlug, und zitterte vor Angst. Dann blickte Jesus auf. »Da steht nicht viel geschrieben, aber etwas hast du auch getan.« Und der Ire meinte zu beobachten, dass Jesus dabei schmunzelte! »Hier steht: Ich war traurig, enttäuscht, niedergeschlagen – und du bist gekommen und hast mir Witze erzählt. Du hast mich zum Lachen gebracht und mir Mut gegeben. Ab in den Himmel!«

Und der Ire machte einen Freudensprung durchs Himmelstor.

Albino Luciani (Johannes Paul I.)

Das Leben ist kein Spiel

Das Leben ist kein Spiel – sagt man.

Seid ernsthaft, sagen sie uns;

lernt fleißig, bereitet euch gut vor!

Denn bald beginnt der Ernst des Lebens!

Das Leben ist ein Spiel – glaube ich.

Voller Spannung, voller Erwartungen und Hoffnungen.

Hinterm Horizont geht's weiter!

Heute schon.

Ich spiele gern.

Zug um Zug.

Vorwärts. Rückwärts.

Wir spielen auf dem Lebensfeld.

Manche, die mir begegnen, sind Gegenspieler

und Gegenspielerinnen.

Sie machen mir das Leben schwer.

Aber da sind auch Mitspieler.

Mit ihnen macht das Spielen Spaß.

Wir haben das gleiche Ziel.

Keiner denkt nur an sich. Wir sind eine Gemeinschaft.

Wir spielen gern: das Leben!

Und wenn es mal eng wird?
Wenn ich am Verlieren bin, verloren bin
und frustriert?

Einer spielt mit.

Neben mir, über mir,
einfallsreich.
Geist-reich.
Der spielt immer mit, der Eine.
Ich bin nicht allein.

Simone Heckmann

Heut' wird gefeiert

Intro / Zwischenspiel / Nachspiel

A

Heut wird ge - fei - ert! Holt die an - dern her - ein!

Heut soll der Tag un - ser Fest - tag sein. Heut wird ge - fei - ert! Holt das

Brot und den Wein! Gott lädt uns al - le zu sich ein.

B (Männer)

Heu - te wird ge - fei - ert! Heut soll

un - ser Fei - er - tag sein. Heu - te wird ge - fei - ert!

Heut soll un - ser Fei - er - tag sein. Heu - te

Teil A und Teil B können sowohl nacheinander als auch gleichzeitig gesungen werden

Text / Musik: Martin Buchholz
© 1998 Felsenfest Musikverlag Wesel

spaß: singbar

146

Liedvorschläge zum Thema Spaß

Manchmal feiern wir mitten am Tag (*Troubadour* **91**)
Herr ich werfe meine Freude (*Troubadour* **18**)
Wir müssen lernen zu lachen (*Troubadour* **25**)

Ich will Spaß (**Markus**)
Ich kriege nie genug (**Christina Stürmer**)
Geile Zeit (**Juli**)

was mir wertvoll ist

Akzeptanz (von lateinisch »accipere« für annehmen, billigen, gutheißen) ist eine Substantivierung des Verbes akzeptieren, welches verstanden wird als annehmen, anerkennen, einwilligen, hinnehmen, billigen, mit jemandem oder etwas einverstanden sein. Dementsprechend kann Akzeptanz definiert werden als Bereitschaft, etwas zu akzeptieren.

Es wird deutlich, dass Akzeptanz auf Freiwilligkeit beruht. Akzeptanz drückt ein zustimmendes Werturteil aus und bildet demnach einen Gegensatz zur Ablehnung.

vgl. Wikipedia 2008

Die Eltern sind doof, die Schule nervt und das Leben ist fürchterlich anstrengend. So geht es vielen Jugendlichen zwischen elf und 18 Jahren. Es ist die Zeit der Pubertät.

Es ist die Zeit der Unsicherheit, eine Zeit der großen Sprünge vom Kindsein in das Erwachsenenalter. Immer dringlicher und manchmal auch auf dramatische Weise drängen sich einem dann die Fragen auf: »Wer bin ich?«, »Welchen Sinn hat das Leben?«, »Wo ist mein Platz in dieser Gesellschaft?«.

Inzwischen gibt es ganze Bücherregale voll mit Ratgebern zur Pubertät; meist für die gestressten und überforderten Eltern, die mit ihren Kindern nicht mehr klar kommen. Jugendlichen auf ihrem Weg zu ihrer Identität und zu ihrem Platz in der Welt fehlen oft Unterstützung und Begleitung. Denn am Allerwichtigsten ist für sie, dass sie von anderen akzeptiert werden. Man will dazu gehören und orientiert sich an anderen – oft ist das ein Spagat zwischen dem »Sich selbst annehmen« und dem »Akzeptiert werden von anderen«. Was viele unbedingt vermeiden wollen ist, aus der Masse herauszufallen. Lieber unterdrückt man das, was man selbst für wichtig und richtig hält, als ausgegrenzt und abgelehnt zu werden. Menschen, die einem nahe stehen, können in solchen Situationen den Rücken stärken und vermitteln: »Du bist gut, so wie du bist!« Solches echtes Akzeptiertwerden ist etwas sehr Wertvolles und es ist unbedingt nötig, um die ureigene Persönlichkeit zu entwickeln.

Der christliche Glaube kann auf der Suche nach der eigenen Persönlichkeit Unterstützung sein. Wir Christen glauben, dass jeder Mensch als Individuum, als Geschöpf Gottes geschaffen worden ist mit eigenen Begabungen, Talenten, aber auch mit dem »Nicht-Können«! Es interessiert Gott nicht, ob ich so gut, so toll wie andere Stars oder Größen in Sport, Gesellschaft, Musik oder Film werde. Gott interessiert allein, ob ich mit all meinem Können und meinem Scheitern auf dem Weg bin, zu werden, wer ich bin: nämlich Gottes Ebenbild. Das genau meint die Suche nach der eigenen Identität.

In der Person Jesus von Nazareth begegnet uns ein Mensch, der seine Identität entdeckt und damit Gottes Ebenbildlichkeit gelebt hat. Er kann uns in unserer eigenen Suche Vorbild sein. Aber es geht wiederum nicht darum, sein Leben, seine Ideen und sein Handeln einfach zu kopieren, sondern seine Botschaft mit meinem Leben zu leben. Und auch hier ist es nicht entscheidend, wie gut oder wie schlecht mir das gelingt. Es ist entscheidend, dass ich mich in der Spur Jesu bewege und vielleicht irgendwann merke: So bin ich Gottes Ebenbild, so bin ich ich.

In einer jüdischen Geschichte erzählt Rabbi Susja: »In der kommenden Welt wird man mich nicht fragen: ›Warum bist du nicht Mose gewesen?‹ Man wird mich nicht fragen: ›Warum hast du nicht das Maß erreicht, das der größte und gewaltigste Glaubende unserer Religion gesetzt hat?‹ Sondern man wird mich fragen: ›Warum hast du nicht das Maß erfüllt, das Gott dir ganz persönlich gesetzt hat? Warum bist du nicht das geworden, was du eigentlich hättest werden sollen?‹«

Diese Geschichte bringt in knappen Sätzen auf den Punkt, was der christliche Glaube als Ziel unseres Lebens sieht: »Ich zu werden – Mensch zu werden – Gottes Ebenbild zu werden«.

Renate Obert (nach Ideen von Michael Bosch)

JESUS IM HAUS DES ZÖLLNERS ZACHÄUS

Jesus ging nach Jericho hinein und zog durch die Stadt. In Jericho lebte ein Mann namens Zachäus. Er war der oberste Zolleinnehmer in der Stadt und war sehr reich. Er wollte unbedingt sehen, wer dieser Jesus sei. Aber er war klein und die Menschenmenge versperrte ihm die Sicht. So lief er voraus und kletterte auf einen Maulbeerfeigenbaum, um Jesus sehen zu können; denn dort musste er vorbeikommen. Als Jesus an die Stelle kam, schaute er hinauf und redete ihn an: »Zachäus, komm schnell herunter, ich muss heute dein Gast sein!« Zachäus stieg schnell vom Baum und nahm Jesus voller Freude bei sich auf. Alle sahen es und murrten; sie sagten: »Bei einem ausgemachten Sünder ist er eingekehrt!« Aber Zachäus wandte sich an den Herrn und sagte zu ihm: »Herr, ich verspreche dir, ich werde die Hälfte meines Besitzes den Armen geben. Und wenn ich jemand zu viel abgenommen habe, will ich es ihm vierfach zurückgeben.« Darauf sagte Jesus zu ihm: »Heute ist dir und deiner ganzen Hausgemeinschaft die Rettung zuteil geworden! Auch du bist ja ein Sohn Abrahams. Der Menschensohn ist gekommen, um die Verlorenen zu suchen und zu retten.«

Lukas-Evangelium, Kapitel 19, Verse 1–10

DIE BEGEGNUNG JESU MIT DER SÜNDERIN

Ein Pharisäer hatte Jesus zum Essen eingeladen. Jesus ging in sein Haus und legte sich zu Tisch. In derselben Stadt lebte eine Frau, die als Prostituierte bekannt war. Als sie hörte, dass Jesus bei dem Pharisäer eingeladen war, kam sie mit einem Fläschchen voll kostbarem Salböl. Weinend trat sie an das Fußende des Polsters, auf dem Jesus lag, und ihre Tränen fielen auf seine Füße. Mit ihren Haaren trocknete sie ihm die Füße ab, bedeckte sie mit Küssen und salbte sie mit dem Öl. Als der Pharisäer, der Jesus eingeladen hatte, das sah, sagte er sich: »Wenn dieser Mann wirklich ein Prophet wäre, wüsste er, was für eine das ist, von der er sich da anfassen lässt! Er müsste wissen, dass sie eine Hure ist.« Da sprach Jesus ihn an: »Simon, ich muss dir etwas sagen!« Simon sagte: »Lehrer, bitte sprich!« Jesus begann: »Zwei Männer hatten Schulden bei einem Geldverleiher, der eine schuldete ihm fünfhundert Silberstücke, der andere fünfzig. Weil keiner von ihnen zahlen konnte, erließ er beiden ihre Schulden. Welcher von ihnen wird ihm wohl dankbarer sein?« Simon antwortete: »Ich nehme an: der, der ihm mehr geschuldet hat.« »Du hast Recht«, sagte Jesus. Dann wies er auf die Frau und sagte zu Simon: »Sieh diese Frau an! Ich kam in dein Haus und du hast mir kein Wasser für die Füße gereicht; sie aber hat mir die Füße mit Tränen gewaschen und mit ihren Haaren abgetrocknet. Du gabst mir keinen Kuss zur Begrüßung, sie aber hat nicht aufgehört, mir die Füße zu küssen, seit ich hier bin. Du hast meinen Kopf nicht mit Öl gesalbt, sie aber hat mit kostbarem Öl meine Füße gesalbt. Darum sage ich dir: Ihre große Schuld ist ihr vergeben worden. Eben deshalb hat sie mir so viel Liebe erwiesen. Wem wenig vergeben wird, der zeigt auch nur wenig Liebe.« Dann sagte Jesus zu der Frau: »Deine Schuld ist dir vergeben!« Die anderen Gäste fragten einander: »Was ist das für ein Mensch, dass er sogar Sünden vergibt?« Jesus aber sagte zu der Frau: »Dein Vertrauen hat dich gerettet. Geh in Frieden!«

Lukas-Evangelium, Kapitel 7, Verse 36–50

Ich bin

Ich bin,
der ich bin
und ich bin ganz da:
Mit all meinen Fehlern und Schwächen.

Ich bin
der ich bin
und ich bin ganz da:
Mit all meinem Können und Tun.

Ich bin,
der ich bin
und ich bin ganz da:
Mit all meinem Wünschen und Hoffen.

Ich bin,
der ich bin
und bin von dir geschaffen:
Damit ich werde.

Frank Greubel

Auf den rechten Weg abkommen

Die Blaue Mauritius ist sehr wertvoll, denn sie hat eine kleine Macke. Ist das nicht toll? Ein kleiner Fehler macht sie so wertvoll! Da muss ich an die Geschichte mit dem verlorenen Schaf denken. Der Hirte lässt die anderen Schafe stehen und sucht das kleine Schaf, das wohl eine kleine Marotte hat und gerne ausbüchst. Ist das denn wertvoller als die anderen? Dieses Schaf ist für mich ein echter Star, wenn man bedenkt, dass es in der Kirche eher darauf ankommt ohne Fehl und Tadel dazustehen. Oder denke doch mal an die Schule! Oder denke an deinen Beruf! Vielleicht kann die ganze Herde lernen von dem Schaf das neugierig auszog um die Welt kennenzulernen. Da sind manchmal auch Abgründe und Gefahren zu meistern. Sicher, das ist auch viel unbequemer als auf seiner gewohnten Weide stehen zu bleiben. Manchmal muss man vielleicht auch im Regen und im Sturm stehen bleiben. Man lernt auch andere Schafe kennen, oder vielleicht Kühe, die einem das Gras wegfressen möchten. Meinst du das Schaf kann sagen, wohin es die Herde führt, vorbei an kargen und grünen Ebenen, vorbei an Wüsten und Oasen? Es ist schön, dass einige Schafe immer mal ausbüchsen und große Teile der Herde mitreißen können, sonst wäre es doch langweilig! Und die Herde würde sich wertvolle Erfahrungen entgehen lassen.

Simon Gahr

155

Jeder ist etwas Besonderes

Eine Steinmeditation

- ✏️📷 ein Behälter voller Steine, deutlich mehr als die Anzahl der Teilnehmer und Teilnehmerinnen, Musik
- 🕐 ca. 15 Minuten
- 👥 Jugendliche und junge Erwachsene, Gruppengröße beliebig

- ▸ Begrüßung und freie Einleitung in die Thematik.
- ▸ Durchreichen des Steinbehälters, wobei sich jede Teilnehmerin und jeder Teilnehmer einen Stein ihrer oder seiner Wahl aussuchen kann.
- ▸ Zeit zum Ertasten und Erspüren dieses Steines (evtl. mit geschlossenen Augen)
- ▸ nach einer gewissen Zeit wird dazu folgender Text vorgelesen:

Ich bin nur ein Stein, einer von vielen, aber ich bin einmalig meiner Größe, in meinem Aussehen, in meiner Form. Ich bin an manchen Stellen abgerundet, woanders habe ich spitze Ecken und Kanten, an denen man sich stoßen kann. Ich habe raue Oberflächen, an denen man sich reiben kann, an anderen Stellen bin ich glatt und sanft. Ich bin unverwechselbar und habe mein eigenes Profil: Ja, da bin ich! Ich muss oft hart sein, Gefühle verachten, mich mit anderen Steinen zu Wällen und Mauern türmen – Mauern, die trennen, durch die niemand hindurch sieht, über die niemand hinüberklettern kann: Ja, das bin ich!

Muss ich das? Kann ich das? Will ich das?

Ich kann den kleinen, unscheinbaren Lebewesen Schatten und Schutz bieten – vor der brennenden Sonne, vor zerstörender, erdrückender Gewalt.

Ich kann, weil ich der bin, der ich bin. Ich kann ein Stein sein, der ins Rollen kommt. Ich kann weich sein, mich von den Wogen des Wassers tragen und umspülen lassen – meine Form dadurch verändern, aufbrechen, vergänglich sein – das weiche Wasser bricht den Stein.

Mich verändern und meine Form suchen: Ja, das kann ich!

Ich will mich begreifen lassen, nicht nur von Wind und Wasser, sondern von sanften Kinderhänden, die mich aufnehmen, mich ergreifen, die über meine Kanten genauso streicheln wie über meine glatten Flächen, die Bewegung in mein Leben bringen.
Sie lassen mich über das Wasser gleiten, lassen mich Wogen und Wellen überspringen – und landen: Einen neuen Ort, eine neue Welt finden, in den und in die ich mich hineinfallen lasse, an dem und in der ich meinen Grund, meine Tiefe suchen kann.

Ins Wasser fallen und Kreise ziehen: Ja, das will ich!

Ich, ein Stein, der die Fingerabdrücke seines Schöpfers tragen darf: Ich möchte ergriffen werden, in Bewegung sein, landen und hineintauchen in die Tiefen eines neuen Lebens: Ja, das werde ich.

Ich bin einmalig

Ich kann nicht texten wie Fanta 4
ich kann nicht komponieren wie Grönemeyer
ich kann nicht logisch denken wie Einstein
ich bin nicht so beliebt wie Gottschalk
ich kann nicht malen wie Picasso
ich bin nicht so stark wie Klitschko
ich kann nicht so regieren wie Obama.

Aber ich kann lachen wie ich lache
ich kann laufen wie ich laufe
ich kann denken wie ich denke
ich kann weinen wie ich weine
ich kann schreiben wie ich schreibe
ich kann malen wie ich male
ich kann helfen wie ich helfe.

Ich bin nicht großartig
ich bin nicht berühmt
ich rage nicht heraus.

Aber mich gibt es nur einmal
Ich bin einmalig
Gott hat mich wunderbar gemacht.

Ansgar Piltz

Zusage

Du brauchst nicht
das Unmögliche
möglich zu machen
Du brauchst nicht
über Deine Möglichkeiten
zu leben
Du brauchst Dich nicht
zu ängstigen
Du brauchst nicht
alles zu tun
Du brauchst
keine Wunder zu vollbringen
Du brauchst Dich nicht
zu schämen
Du brauchst nicht
zu genügen
Du brauchst Erwartungen an Dich
nicht zu entsprechen
Du brauchst
keine Rolle zu spielen
Du brauchst nicht immer
kraftvoll zu sein

und Du brauchst nicht
alleine zu gehen.

Andrea Schwarz

Ein Segen

C — G/H — Am7

Ei - nen Mund, ein gu - tes Wort zu spre - chen und zwei

Dm7 — G

Hän - de, die zärt - lich sind beim Han - deln, und zwei

C — G/H — Am7

Oh - ren, die of - fen sind für Lei - ses, und ein

Dm7 — G sus — C — E7

Herz, das Platz hat für die Lie - be. Und zwei

Am7 — Dm7

Au - gen, zu se - hen Gut und Bö - se, und zwei

G — C

Fü - ße, den Weg nach Haus zu fin - den, ei - nen

C — G/H — Am7

Men - schen, der dir wird zur Hei - mat, und Ver -

Dm7 — G sus — C

trau - en, dass du ge - bor - gen bist.

© KONTAKTE Musikverlag, 59557 Lippstadt

Text: Arndt Büssing / Musik: Reinhard Horn

aus: Buch/CD „Unter einem guten Stern steht dein ganzes Leben"

Liedvorschläge zum Thema Akzeptiert werden

Vergiss es nie (*Troubadour* **777**)

Du kannst der erste Ton (*Troubadour* **704**)

Von allen Seiten umgibst du mich (*Troubadour* **660**)

Lasse reden (Die Ärzte)

Ich bin ich (Rosenstolz)

Wunderbar (Farin Urlaub)

was mir wertvoll ist

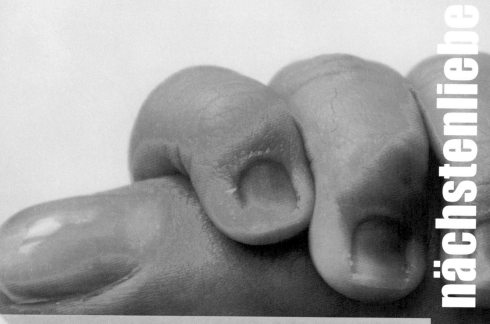

nächstenliebe

Nächstenliebe wird allgemein als Bereitschaft einer Person, ihren Mitmenschen zu helfen und Opfer für sie zu bringen, verstanden. In einem weiten Wortsinn wird Nächstenliebe heute als jede dem Wohl des Mitmenschen zugewandte aktive, uneigennützige Gefühls-, Willens- und Tathandlung beschrieben. In der Bibel ist Nächstenliebe auf ein Handeln Gottes bezogen und reagiert darauf. Von da aus wurde Nächstenliebe ein Zentralbegriff der christlichen Ethik.

vgl. Wikipedia 2008

Die »<mark>Nächstenliebe</mark>« ist ein klassisches christliches, ja biblisches Thema. Bereits das Alte Testament kennt das Gebot der Nächstenliebe: »Du sollst deinen Nächsten lieben, wie dich selbst.« (Buch Levitikus, Kapitel 19, Vers 18), wobei mit dem »Nächsten« in der Regel die eigenen Volksgenossen gemeint sind, aber keine Ausländer. Jesus Christus greift dieses alttestamentliche Gebot auf – und radikalisiert es. Zunächst verbindet er die beiden Gebote der Gottesliebe und Nächstenliebe zu einem Gebot (Markus-Evangelium, Kapitel 12, Verse 30 und 31) und schließlich weitet er in der Bergpredigt die Nächstenliebe auf alle Menschen ohne Unterschiede aus, ja sogar auf die Feinde: »Ich aber sage euch: Liebt eure Feinde und betet für die, die euch verfolgen.« (Matthäus-Evangelium, Kapitel 5, Vers 44). Das war für die damalige Zeit etwas Unvorstellbares. Aber ist diese Forderung Jesu auch realistisch und umsetzbar? Gewaltverzicht, Feindesliebe, für diejenigen beten, die einen verfolgen? Das lässt sich in unserem Alltag, im Schul- und Berufsleben doch kaum durchführen. Das ist vielleicht etwas für besondere Menschen, für »Heilige«, aber nicht für den Durchschnittsmenschen. So wie die Welt ist, muss man sich durchsetzen, wenn man nicht der Dumme sein will. Man muss sich wehren, wenn man nicht untergehen will. Wie kann man also mit dieser Forderung Jesu umgehen? Wie lässt sich das Gebot der Nächstenliebe mit meinem alltäglichen Leben vereinbaren?

Im Laufe der Geschichte haben sich viele schlaue Leute und Theologen darüber Gedanken gemacht, wie man mit diesem Gebot umgehen soll. Die frühen Christen glaubten, dass es nur für besonders heilige Menschen galt, aber nicht für einen gewöhnlichen Gläubigen. Manche Theologen waren der Überzeugung, dass es nur auf die innere Gesinnung ankommen würde; und wiederum andere meinten, dass nur Jesus Christus selbst dieses Gebot erfüllen könnte. Doch sind wir damit wirklich von der Erfüllung seiner Forderung befreit? Nein, bestimmt nicht! Das Handeln Jesu bleibt Anspruch für uns, immer wieder dasselbe zu tun.

Vielleicht ist das eine Antwort auf unsere Frage, wie wir mit der radikalen Forderung der Nächstenliebe umgehen können. Das Gebot der Nächstenliebe ist kein Gebot, das man ohne Herz und Verstand anwenden kann. Es bleibt stetige Aufforderung und Appell, sowohl an unsere konkrete Lebenspraxis, als auch an unsere innere Gesinnung, immer wieder neu in unseren Familien, Freundeskreisen, in Schule und Beruf Wege zu finden, um Frieden zu stiften, aufeinander zuzugehen, Hass und Gewalt aufzubrechen.

Matthias Zöller

DAS BEISPIEL DES BARMHERZIGEN SAMARITERS

Aber dem Gesetzeslehrer war das zu einfach, und er fragte weiter: »Wer ist denn mein Mitmensch?« Jesus nahm die Frage auf und erzählte die folgende Geschichte: »Ein Mann ging von Jerusalem nach Jericho hinab. Unterwegs überfielen ihn Räuber. Sie nahmen ihm alles weg, schlugen ihn zusammen und ließen ihn halb tot liegen. Nun kam zufällig ein Priester denselben Weg. Er sah den Mann liegen und ging vorbei. Genauso machte es ein Levit, als er an die Stelle kam: Er sah ihn liegen und ging vorbei. Schließlich kam ein Reisender aus Samarien. Als er den Überfallenen sah, ergriff ihn das Mitleid. Er ging zu ihm hin, behandelte seine Wunden mit Öl und Wein und verband sie. Dann setzte er ihn auf sein eigenes Reittier und brachte ihn in das nächste Gasthaus, wo er sich weiter um ihn kümmerte. Am anderen Tag zog er seinen Geldbeutel heraus, gab dem Wirt zwei Silberstücke und sagte: Pflege ihn! Wenn du noch mehr brauchst, will ich es dir bezahlen, wenn ich zurückkomme.« »Was meinst du?«, fragte Jesus. »Wer von den dreien hat an dem Überfallenen als Mitmensch gehandelt?« Der Gesetzeslehrer antwortete: »Der ihm geholfen hat!« Jesus erwiderte: »Dann geh und mach du es ebenso!«

Lukas-Evangelium, Kapitel 10, Verse 29–37

nächstenliebe: biblisch

DAS NEUE GEBOT

»Ich gebe euch jetzt ein neues Gebot: Ihr sollt einander lieben! Genauso wie ich euch geliebt habe, sollt ihr einander lieben! An eurer Liebe zueinander werden alle erkennen, dass ihr meine Jünger seid.«

Johannes-Evangelium, Kapitel 13, Verse 34–35

ALS ER DEN ÜBERFALLENEN SAH, ERGRIFF IHN DAS MITLEID

Wir reden von Freundschaft

Wir reden von Freundschaft
und sind alles andere als freundlich.

Wir reden von Nächstenliebe
und lieben doch nur uns selbst.

Wir reden von Hilfe
und sind wenig hilfsbereit.

Wir reden von Aufmerksamkeit
und sind mit unseren Gedanken weit weg.

Wir reden von Ehrlichkeit
und lügen, dass sich die Balken biegen.

Hören wir endlich auf zu reden.
Fangen wir mit dem Gegenteil an.

Frank Greubel

Meldungen einer Tageszeitung

Bush verteidigt bei Besuch in Großbritannien Irak-Krieg

Jeder fünfte Deutsche latent antisemitisch

Anschlag überschattet Gespräche um Waffenruhe

Wettbewerb um Versicherte entbrannt

USA bereiten neue Irak-Resolution vor

Gezielter Todesschuss nur als letztes Mittel

»Keine Lizenz zum Töten«

»Maßvoller Einsatz von Gewalt«

Heimlich, still und leise: Die Rückkehr der toten GIs

Tee vom »Terroristen«

Ein Scherbenhaufen und reichlich Verlierer

Guter Gott!

Wenn ich heute die Zeitung aufschlage, wenn ich das Radio oder den Fernseher einschalte, wenn ich im Internet surfe, dann sehe ich meistens nur Gewalt.

Menschen gegen Menschen. Waffen gegen Menschen. Institutionen gegen Menschen. Gesetze gegen Menschen.

Aber wo sind denn die Menschen, die andere lieben können, die sie so annehmen wie sie sind?

Wo sind die Menschen, die ihre Zeit gerne anderen Mitmenschen widmen, die sich nicht zu schade sind um zuzuhören und zu helfen?

Es gibt sie, ich kenne sie!

Danke guter Gott für diese Menschen.

Steffen Müller

Es tut gut, nicht allein zu sein

Aktion, die zeigt, wie man sich gegenseitig stützen kann

- ✎▉ eventuell einen Stuhl für jeden Teilnehmer und jede Teilnehmerin
- 🕐 ca. 10 Minuten
- 👥 Jugendliche ab 12 Jahren

Jeweils zwei Personen gehen mit einem Stuhl zueinander und stellen sich gegenüber auf, setzen sich jedoch verkehrt herum auf den Stuhl, so dass sie mit dem Bauch und der Brust an der Lehne anliegen und der Rücken frei ist (alternativ: im Schneidersitz auf dem Boden).

Anleitung für die Teilnehmer:

Setz dich so Rücken an Rücken mit deinem Partner, dass noch etwas Platz ist. Schließ deine Augen und spüre nach, wie du sitzt.

Spüre das Gewicht deines Körpers auf der Wirbelsäule, beuge den Oberkörper ein wenig nach allen Seiten, auch nach hinten.

Nun lehne dich vorsichtig an den Rücken des anderen, nur so fest, wie es dir angenehm ist.

Versucht etwa eine Minute lang Rücken an Rücken zu bleiben, ganz still und leise ohne Bewegungen: Spüre den Halt und die Kraft, die von diesem Rücken ausgeht.

Eine Minute Stille

Jetzt probiert ganz langsam aufzustehen, Rücken an Rücken, ohne Mithilfe der Arme.

Richte dich ganz auf und trenne dich von dem Rücken, der dich gestützt hat.

Lockere deinen Körper, in dem du die Gliedmaßen ausschüttelst.

Austausch:

Entweder in der Gruppe oder zwischen den Paaren:

▸ Wie ging es mir am Anfang, als ich alleine saß?

▸ Habe ich da schon die Wärme des anderen gespürt?

▸ Hat mir ein Halt gefehlt?

▸ Wie ging es, als ich den Rücken des Partners gefühlt habe?

▸ Habe ich ihn als Stütze empfunden?

▸ War die Wärme wohltuend?

▸ Wie war das Aufstehen?

▸ Wie habe ich die Balance zwischen gestützt werden und stützend empfunden?

▸ Fiel es mir leicht, wieder alleine zu stehen?

Ohne Liebe

Pflicht ohne Liebe macht verdrießlich.

Verantwortung ohne Liebe macht rücksichtslos.

Gerechtigkeit ohne Liebe macht hart.

Freundlichkeit ohne Liebe macht heuchlerisch.

Ordnung ohne Liebe macht kleinlich.

Ehre ohne Liebe macht hochmütig.

Besitz ohne Liebe macht geizig.

Glaube ohne Liebe macht fanatisch.

Ein Leben ohne Liebe ist sinnlos.

Quelle unbekannt

Herr gib mir ...

Herr, gib mir gute Augen, die mir helfen zu sehen, was wirklich wertvoll ist. Lass sie nicht von all dem Geld erblinden.

Herr, gib mir starke Hände, damit ich anderen Menschen zeigen kann, was in jedem Tier, in jeder Pflanze und in jedem Menschen wertvoll ist.

Herr, gib mir eine glaubhafte Stimme, damit ich mit meinen Mitmenschen wertvolle Gespräche führen kann. Bringe sie nicht im falschen Moment zum Schweigen!

Herr, gib mir gute Ohren, damit ich für andere eine wertvolle Hilfe sein kann, wenn sie mich rufen. Lass sie nicht ertauben!

Herr, gib mir ein großes Herz, damit ich alle wertvollen Ereignisse darin einschließen kann. Lass es niemals überfüllt sein!

Herr, gib mir tapfere Füße, damit ich mehr wertvolle Dinge entdecken kann. Lass sie nie vom rechten Weg abkommen!

Debora Herzog

Stark!

Es ist nicht stark, wenn wir nur an uns sel-ber den-ken
Es ist nicht stark, wenn wir nur uns-re Fah-ne schwen-ken,

und die ver-ges-sen die doch uns-re Näch-sten sind.
und sind für die, die uns-re Hil-fe brau-chen blind.

Ref.: Was uns stark macht und was uns Kraft gibt ist die Freu-de an Gott -

Wenn wir nur spü-ren wie sehr er uns mag dann

wer-den wir von In-nen her ganz stark!

2) Wer wirklich stark ist kann ganz leicht auf andre zugehn
dem macht's nichts aus, wenn er nicht immer erster ist.
Der wird dann auch mal gegen Unrecht einfach aufsteh'n
und laut bemängeln wo man die Wahrheit vermisst.

3) Wir werden stark wenn wir auf Jesu Spuren wandeln,
mit Gottes Wort wie einen Kompass im Gepäck,
damit wir immer nur im guten Geiste handeln
und die Begeisterung auch andere ansteckt.

Text / Musik: B. Vogt (Apr. 2007)

nächstenliebe: singbar

174

Liedvorschläge zum Thema Nächstenliebe

Selig seid ihr (*Troubadour* **622**)

Wenn das Brot, das wir teilen (*Troubadour* **193**)

Keinen Tag soll es geben (*IHM & uns* **145**)

Diese Kinder (Madsen)

In Zeiten wie diesen (Silbermond)

Marlene (Herbert Grönemeyer)

was mir wertvoll ist

Redaktionsteam

Renate Obert, Jahrgang 1972, Dipl. Sozialpädagogin (FH), Sozial-wirtin (bfz/FH), Jugendreferentin in der Regionalstelle für Kirchliche Jugendarbeit Schweinfurt, Arbeitsschwerpunkte: Begleitung von ehrenamtlichen Mitarbeiterinnen und Mitarbeitern, Jugendbildung, spirituelle Angebote

Felix Behl, Jahrgang 1975, Hauptschullehrer im Landkreis Miltenberg, Klassenleiter in den Jahrgangsstufen 7 bis 9, ehrenamtlich stellvertretender Vorsitzender des Diözesanrates der Katholiken im Bistum Würzburg

Manfred Müller, Jahrgang 1970, Dipl. Theol., Pastoralreferent, Regionaljugendseelsorger für den Landkreis Main-Spessart, Arbeitsschwerpunkte: Popmusik und Religion

Matthias Zöller, Jahrgang 1968, Dipl. Theol., Dipl. Soz.-Päd., Pastoralreferent, Geistlicher Leiter der KjG Würzburg in der Diözese Würzburg, Arbeitsschwerpunkte: Kirchliche Jugendarbeit und Jugendspiritualität

Johannes Reuter, Jahrgang 1964, Dipl. Theol., Pastoralreferent, Geistlicher Leiter des BDKJ in der Diözese Würzburg, Mitglied der Leitung der Kirchlichen Jugendarbeit, Referent für Religiöse Bildung.

Liednachweis

Die in den Kapiteln aufgeführten Liedvorschläge
beziehen sich auf folgende Liederbücher:

Troubadour

Troubadour für Gott

6. erweiterte Auflage 1999

Herausgeber: Kolping-Bildungswerk
– Diözesanverband Würzburg e.V.,
Sedanstraße 25, 97082 Würzburg

IHM & uns

IHM & uns - Paderborner Liederbuch

Herausgeber: BDKJ Diözesanverband Paderborn

Paderborn 2003

ISBN 3-9807411-4-1

Cantate

Cantate I

Herausgeber: Erzbischöfliches Jugendamt, Kleberstraße 28,
96047 Bamberg

Bildnachweis

Marcel Goldbach (Umschlagseiten, S. 39, S. 43, S. 77, S. 85, S. 90, S. 172), BDKJ Würzburg (S. 125)

Fotos von Photocase.com:

luxuz::. (S. V), DoritKö (S. 1), Manuel Langer (S. 5), cw-design (S. 7, S. 139), ritschratschklick (S.9), an.ma.nie (S. 12), Andreas Weber (S. 15), Ulrike Steinbrenner (S. 17), Steffen Jahn (S. 105, S. 123), designmaniac (S. 21), Juttaschnecke (S. 24, S. 47, S. 147), Oliver Mick (S. 31), Christina Hoffmann (S. 35), picapau (S. 49); dwmd. (S. 54), Markus Nicolini (S. 58, S. 149), Stefan Franke (S. 60), Black_Head (S. 61), .marqs (S. 63, S. 75), xxxxcesxxxx (S. 65), sir_hiss (S. 67), Gerti G. (S. 69), Kathrin Schlott (S. 72), el_fabo (S. 79), ruanorosa (S. 84), kallejipp (S. 86), andreasf (S. 93), aremac (S. 95), Jonicore (S. 103), Maccaroni (S. 107, S. 135), Aridula (S. 109), trepavica (S. 113), Tasmas – Jonas Obertüfer (S. 119), stille wasser (S. 129), Oleg Rosental (S. 130), froodmat (S. 137), Georg Preissl (S. 138), bit.it (S. 143), complize – M. Martins (S. 145), knallgrün (S. 161), arzt (S. 163), Michael Götz (S. 165), Nanduu (S. 167), DieDidi (S. 171), mathias the dread (S. 175)

Quellennachweis

Die Bibelstellen wurden, soweit nicht anders gekennzeichnet, der »Gute Nachricht Bibel« entnommen.

Gute Nachricht Bibel, revidierte Fassung, durchgesehene Ausgabe in neuer Rechtschreibung

© 2000 Deutsche Bibelgesellschaft, Stuttgart.

S. 11 f   *Freunde*

    Rechte bei der Autorin Gina Ruck-Pauquét

S. 26   *Die fünf Freiheiten*

    Virginia Satir, Mein Weg zu dir

    Kösel-Verlag in der Verlagsgruppe Random House, München,

    9. Auflage 2008

S. 39   *Der Wunsch Gottes*

    Herbert Winklehner OSFS

    Herbert Winklehner OSFS aus: http://www.franz-sales-verlag.de/fsvwiki/index.php/Lexikon/Vertrauen

S. 56   *Teilmengen*

    Fluter Ausgabe 12/2004

    »Fluter« 12/2004, S. 25

    (Bundeszentrale für politische Bildung)

S. 71/72   *Fragen und Antworten*

    Erich Fried, »Es ist was es ist«

    Klaus-Wagenbach-Verlag, Berlin, 1983

S. 87 ff *Eine Geschichte über den Frieden*

Astrid Lindgren

Rede zur Verleihung des Friedensnobelpreises

Verlagsgruppe Oetinger Hamburg

S. 90 *Wunsch nach Frieden*

aus Irland (irische Segenswünsche)

»Die schönsten irischen Segenswünsche«

St. Benno-Verlag Leipzig, www.st-benno.de

S. 127 ff *Das Heinz-Dilemma*

aus: Lawrence Kohlberg, Die Psychologie der Moralentwicklung,

© der deutschen Übersetzung Suhrkamp-Verlag Frankfurt am Main

1995, Orginalrechte bei Agentur Liepmann, Zürich.

S. 142 f *Du hast mich zum Lachen gebracht*

Albino Luciani (Johannes Paul I.),

Ihr ergebener Albino Luciani. Briefe an Persönlichkeiten

Verlag Neue Stadt München

10. Auflage 2003, S. 156 f.

S. 159 *Zusage*

Andrea Schwarz, Mit Leidenschaft und Gelassenheit

S. 26, Herder Verlag, Freiburg im Breisgau,

2. Auflage 1995

Bei allen anderen Texten und Liedern liegen die Rechte beim Herausgeber.

notizen

notizen